DE L'ÉTAT

LA MUSIQUE

EN NORMANDIE,

DEPUIS LE IXe SIÈCLE JUSQU'À NOS JOURS,

Par Mlle EMMA CHEPPIN,

MÉMOIRE COURONNÉ

LE 9 JANVIER 1838

PAR LA SOCIÉTÉ PHILHARMONIQUE DU CALVADOS.

Caen,

IMPRIMERIE DE PAGNY,

Rue Froide, 8.

M.DCCC.XXXVIII.

DE L'ÉTAT

DE

LA MUSIQUE

EN NORMANDIE,

DEPUIS LE IXe SIÈCLE,

Par Mlle EMMA CHUPPIN.

Mémoire

Couronné, le 8 décembre 1836, par la Société Philharmonique
du Calvados.

CAEN,

IMPRIMERIE DE PAGNY, RUE FROIDE, 25.

1837.

Société Philharmonique.

En 1835, la Société Philharmonique du Calvados mit au concours un prix d'une médaille d'or de la valeur de 300 fr., offerte par un de ses membres, M. P.-A. Lair, si dévoué au bien de son pays, à l'auteur du meilleur Mémoire *sur l'histoire de la musique en Normandie, depuis le commencement du IX* siècle jusqu'à nos jours, et la biographie des musiciens célèbres nés dans cette contrée pendant la même période.*

Ce concours fut prorogé à l'année 1836, et, parmi les mémoires intéressants envoyés au concours, celui qui était inscrit sous le n° 3 ayant paru mériter le prix, il fut décerné à Mlle CHUPPIN DE GERMIGNY Une médaille d'or lui était destinée; mais Mlle CHUPPIN désirant seconder les intentions de la Société, a fait volontiers le sacrifice de la médaille d'or, pour que la valeur en fût consacrée à l'impression de son Mémoire.

La Société ne s'est pas bornée à faire imprimer l'ouvrage; elle a offert à son auteur une médaille de bronze, en y joignant un diplôme de membre correspondant.

Se la cetra non era
D'Amphione E d'orfeo, gli uomini ingrati
Vita trarrian periculosa e dura
Senza Dei, senza leggi, e senza mura.
(MÉTASTASE, *Il Parnas. ac. dof.*)

En adoptant le sujet proposé par la *Société Philharmonique* du Calvados, nous avons pensé que, basé sur des faits historiques, il permettait à l'art de s'offrir entièrement dégagé des formes abstraites de la théorie.

L'histoire de la musique se lie essentiellement à l'histoire du genre humain ; car la musique, encore plus que la poésie, répond à un besoin intime du cœur. Soit comme plainte inarticulée, soit comme élan spontané de joie, du moment que l'homme a souffert, ou qu'il a su jouir, sans doute il aura cherché une expression autre que celle du langage vulgaire.

Dès les premiers chapitres de la Bible on retrouve des traces de l'histoire de l'art chez les Hébreux. Moïse, selon Clément d'Alexandrie, était *instruit* dans la musique. En effet, si le législateur jugea convenable de terminer sa mission par un cantique de reconnaissance, il suivit sans doute une coutume dès long-temps établie.

Les prophéties étaient, pour la plupart, chantées, et, dans plusieurs passages de l'Écriture, les prophètes sont représentés comme s'accompagnant du psaltérion, de la flûte et de la harpe.

Toutes les fêtes se célébraient chez les Hébreux au son des instruments. C'est suivie d'une troupe de musiciens que la fille de Jephté accourt au-devant de son père. — David, Salomon, rendent la musique une partie essentielle du culte du vrai Dieu, et lorsque les Juifs emmenés en captivité veulent peindre l'amer regret de la patrie, ils suspendent leurs harpes aux saules des rives de l'Euphrate, et refusent de chanter sur la terre étrangère.

Si nous voulons examiner l'art chez les Egyptiens, nous le trouvons précédant, pour ainsi dire, leur premier code de morale. Selon eux, la musique était d'origine divine : aussi leurs lois défendaient-elles d'en confier l'instruction à d'autres qu'aux hommes les plus sages et les plus vertueux de la nation. Platon nous a transmis quelques détails précieux sur leur système musical, et tous les historiens s'accordent à dire que leurs instruments avaient acquis une grande perfection, à tel point même que les Grecs les leur empruntèrent.

Laissant de côté les temps fabuleux, l'intervention de la musique par Minerve, ainsi que les prodiges d'Amphion et d'Orphée, il n'en demeure pas moins certain que la musique fut de tout temps en honneur dans les villes de la Grèce. A Lacédémone même, l'art possédait une telle influence, que Terpandre parvint à calmer une sédition au moyen de ses accords, tandis que Thimothée se fit bannir par les Ephores, pour avoir tenté de corrompre la jeunesse par l'introduction d'une musique efféminée.

La théorie de l'art paraît avoir été très-étendue chez les Grecs. Ils avaient plusieurs modes, qui, de même qu'aujourd'hui encore chez les Arabes, s'adaptaient aux diverses impressions que le musicien voulait rendre. Le *Dorien* était consacré à la guerre, le *Phrygien* aux cérémonies religieuses, l'*Éolien* servait d'auxiliaire à la flatterie, et l'*Hyper-Dorien*, dont l'invention est attribuée à Sapho, convenait aux chants d'amour.

Les Grecs se servaient des lettres de l'alphabet pour noter leur musique; mais, comme ces lettres étaient loin de suffire, on avait imaginé de leur donner diverses situations qui toutes exprimaient une valeur de note différente.

Sans prétendre discuter ici le degré de perfection attribué à la musique des anciens, on peut supposer néanmoins que, chez eux, elle était considérée plutôt sous le rapport de son influence sur les mœurs, que comme simple perfectionnement d'une société polie. — « Rien » n'est plus propre que la musique, dit Plu- » tarque, à porter les hommes aux grandes » actions, et particulièrement à exciter en eux » le degré de courage nécessaire pour braver » les dangers de la guerre. » —

Lorsque les Romains se virent maîtres de la Grèce, leur premier soin fut d'adopter en partie les coutumes et les arts de la nation vaincue. Les Arcadiens avaient, dit-on, apporté les premiers instruments de musique en Italie. Ce peuple avait en effet accordé de tout temps une attention spéciale à l'art musical. Leurs lois même obligeaient de le cultiver, et cette précaution avait paru nécessaire pour combattre chez eux l'espèce de rudesse naturelle aux habitants d'un pays montagneux.

Numa, qui régnait vers l'an 715 (avant

Jésus-Christ), à l'époque où Pythagore était venu en Italie, avait institué plusieurs lois favorables à la musique ; mais les beaux jours de l'art, pour les Romains, datèrent seulement de la conquête de la Grèce. Alors, la jeunesse fut envoyée à l'école d'Athènes, et le système musical des Grecs se vit ainsi adopté par l'Italie.

En conservant quelques-unes des cérémonies de l'ancienne loi, la religion chrétienne dut consacrer le chant des psaumes. Aussi, dès ses commencements, voit-on des chœurs établis dans les assemblées nocturnes, et la prière s'élevant sous la forme de mélodie du sein même des catacombes.

Lorsque Constantin embrassa le christianisme, il s'efforça de donner toute la pompe convenable à la religion. La musique ne fut pas oubliée, et nous voyons que, sous le règne de ce prince, l'église d'Antioche était citée pour la perfection avec laquelle on y chantait les hymnes.

Saint Ambroise, que l'on regarde comme l'inventeur du plain-chant, donna le premier des règles fixes au chant ecclésiastique. Nous pouvons juger, d'après le *Te Deum* qu'il composa avec saint Augustin, de l'état de la musique religieuse à cette époque.

Boëce, savant philosophe qui vivait dans le IVe et le Ve siècles, passe pour avoir découvert une nouvelle notation, qui substituait à la multitude des caractères grecs, quinze lettres de l'alphabet romain ; saint Grégoire réduisit ensuite ces lettres à sept. C'est à ce pape, surnommé *le Grand*, que nous devons la musique ecclésiastique telle qu'elle subsiste encore, et qui prit de lui son nom de chant *grégorien*.

Peu de temps avant la mort de ce saint pontife, le moine Augustin avait été envoyé par lui pour prêcher la religion chrétienne en Angleterre. En 680, le pape Agathon chargea un chantre de Saint-Pierre-de-Rome d'enseigner le chant ecclésiastique aux moines de Wérémont. C'était précisément l'époque où florissait le vénérable Bède. Né dans la province de North-Humbre, aux confins de l'Ecosse, homme éclairé, profond dans les sciences et la connaissance des arts, il composa un traité sur la musique ; mais, ayant été faussement accusé d'hérésie, il perdit son influence sur le clergé, et marqua conséquemment peu pour les progrès de l'art.

En Allemagne, ce fut saint Boniface, de Mayence, qui introduisit le chant *grégorien*, et, lorsque Charlemagne porta ses armes dans cette contrée, il y trouva le goût du chant ecclésiastique si généralement répandu, que les ménestrels eux-mêmes s'appliquaient de préférence à la composition des chants sacrés.

Telle est à peu près la marche générale attribuée à la musique jusqu'au IXe siècle, époque où nous allons l'envisager seulement en ce qui concerne la Normandie.

Nous ne nous sommes dissimulé aucune des difficultés de notre entreprise ; car il s'agit, non pas de retracer les progrès ou la décadence d'un art dont les monuments s'offrent pour ainsi dire d'eux-mêmes à l'analyse, mais bien de saisir, à travers le dédale de nos traditions, la trace d'un simple délassement destiné à charmer seulement les loisirs d'un peuple actif et entreprenant, dont l'état social ne fut pas toujours appuyé sur des institutions stables.

Et, néanmoins, plus nous avancions dans notre travail, plus nous y trouvions de charme. A chaque époque de notre histoire, la musique nous apparaissait prenant l'empreinte des mœurs, et se liant d'une manière intime aux progrès de la civilisation. C'est en partie ce qui nous a décidé à diviser la période fixée par le programme, siècle par siècle, considé-rant sous un point de vue général les diverses phases de l'histoire de l'art, et ne la présentant jamais qu'inséparable des grands évènements historiques qui ont influé sur son existence en Normandie.

A chaque siècle nous nous sommes efforcé de conserver sa couleur distinctive; et c'est alors que les faits principaux de l'histoire nous ont semblé comme autant de jalons placés pour captiver l'attention du lecteur, afin que, sans cesse reporté vers ce qu'il a déjà vu, il s'enrichit, en quelque sorte, de ses propres souvenirs.

Ainsi donc, rechercher avec soin la trace de l'influence que la musique a pu exercer sur les habitants de la Normandie; telle a été surtout notre pensée dominante. Sans doute, il restera beaucoup à dire après nous sur un sujet aussi vaste; mais, au milieu des recherches de tant d'hommes instruits, et des travaux de tant d'artistes habiles, il est toujours doux de montrer à des talents sans doute plus puissants que soi une voie d'exploration nouvelle.

DE L'ÉTAT

DE LA MUSIQUE

EN NORMANDIE.

IXe ET Xe SIÈCLES.

Du rétablissement de la Musique par Charlemagne , et de l'influence des institutions de ce monarque en Normandie , époque
comprise depuis le commencement du IXe siècle jusqu'à la
première apparition de Rollon , vers 896. — État de la Musique
en Normandie , depuis Rollon jusqu'à la fin du règne de Richard II , vers 996.

La fondation du second empire d'Occident
a été considérée par Bossuet comme un des
plus grands événements historiques ; mais, sous
le rapport des arts , on peut affirmer qu'elle
offrit un spectacle unique : celui de leur réveil
spontané après plusieurs siècles d'engourdis-
sement et de ténèbres.

Il était donc indispensable pour nous de remonter jusqu'aux institutions de Charlemagne, quelque lente d'ailleurs que leur influence dût être à s'établir, car il ne faut pas perdre de vue qu'une profonde ignorance abrutissait alors nos ancêtres. Étrangers aux principes des plus simples connaissances, ils étaient, à proprement parler, les jouets d'un aveugle instinct que la religion avait seule le pouvoir d'ennoblir en le dirigeant vers des jouissances en-dehors de la vie matérielle.

En ordonnant que les *notes* et les *chants* seraient enseignés dans chaque monastère, Charlemagne avait donc choisi la seule manière convenable pour propager l'enseignement de la musique, et tous les historiens s'accordent à dire que les institutions de ce prince furent favorables même à la musique profane, attendu que les laïques purent l'apprendre aisément et à peu de frais dans les abbayes où le monarque avait voulu que cet art fût gratuitement enseigné.

Ce serait dans les monastères et les livres de nos cathédrales, qu'il faudrait donc rechercher les traces de l'état de la musique en Normandie pendant la durée du IXe siècle, mais l'apparition des peuples du Nord étant venue peu après détruire l'édifice élevé par Char-

lemagne, tous ces documents ont été anéan-
tis; et, disons-le, considéré uniquement comme
science, et par conséquent confiné dans les
cloîtres, n'ayant point eu une éducation soi-
gnée pour base, l'art ne pouvait jeter d'assez
profondes racines pour survivre à l'état d'a-
narchie amené par l'invasion.

Lorsque Charlemagne conçut la pensée de
rétablir la musique en France, peut-être malgré toute l'étendue de son génie, ne s'était-il
pas rendu compte de la difficulté d'un pareil
plan. Excepté les Grecs et les Romains, aucun
peuple ne paraissait avoir possédé de caractères particuliers pour rendre son harmonie,
et ces deux nations usaient seulement des
lettres alphabétiques qui servaient en même
temps pour les nombres et pour les dates *.
Il est aisé de comprendre combien un pareil
mode était insuffisant; aussi la multiplicité des
notes chez les Grecs rendait-elle l'étude de la
musique très-compliquée, bien que l'art fût
fort simple en réalité. Platon fixait à trois années le temps nécessaire pour en apprendre
les premiers éléments.

Or, ces principes de la musique grecque

* Burney, *A General History of music*, t. 1er, p 2.

avaient servi de base à tous les airs composés par saint-Grégoire *. Toutefois, l'Italie, en les adoptant, les avait marqués de ce cachet d'inspiration qu'elle a su apposer à tous les arts, qui, à leur tour acclimatés sur son sol, l'ont adoptée pour leur terre natale.

Ce fut durant un des voyages que Charlemagne fit à Rome, qu'eut lieu le fameux défi entre ses chanteurs et ceux du pape. L'empereur donna, comme on le sait, la préférence aux Italiens, et, de retour en France, il ordonna que le chant grégorien fût enseigné dans tout le royaume.

Il paraît néanmoins que la volonté du législateur rencontra dans cette occasion de nombreux obstacles. Tandis que le midi de l'Europe avait consacré le goût musical des Grecs, les provinces du nord de la France avaient adopté une méthode différente, entièrement fondée sur la mélodie des vieux chants gaulois. Plus tard, nous verrons le clergé normand demeurer fidèle à cette méthode qui, transportée dans le christianisme, avait pris le nom de chant gallican.

* Lebeuf, *Traité du plain-chant*, p. 32. — Burney, t. 2, p. 7.

Fier du surnom du Roi David * , Charlemagne paraît avoir donné toute son attention à la musique ecclésiastique. Composant lui-même et ne dédaignant pas de chanter au lutrin, sous son règne les offices de l'église firent partie des plaisirs de la cour. Non-seulement on y assistait le jour, mais on s'y rendait régulièrement la nuit, et l'on prétend qu'à l'imitation du maître, les princes et les courtisans eurent un office réglé et des chantres gagés à leur chapelle.

L'historien Eginhard rapporte que Michel, empereur d'Orient, envoya un orgue à Charlemagne ; c'était le second que l'on voyait en France **. D'après l'importance que la cour parut attacher à ce présent, il est naturel de croire que ces deux instruments étaient les seuls de leur espèce, en France du moins, et

* Charlemagne, ayant formé une académie, avait voulu que chaque membre fût décoré de quelque nom illustre dans l'antiquité : lui-même avait pris celui de David, un autre celui d'Homère ; Alcuin, qui a fait un ouvrage sur le chant, se nommait Horace. Anquetil, *Histoire de France*, t. 2, page 169.

** Le premier avait été donné par Constantin Copronyme à Pépin-le-Bref, probablement lorsqu'il lui fit demander sa fille en mariage. Voyez Lebeau, t. 14, p. 5. Ce fait est aussi rapporté par Laborde, t. 1er, p. 270.

que l'office divin ne comportait partout ailleurs dans le royaume que la seule psalmodie.

On voit par un ancien capitulaire d'Aix-la-Chapelle, qu'il était défendu aux évêques, aux abbés et aux couvents de femmes, d'avoir des ménestrels à domicile chez eux. Cette circonstance prouve que déjà commençait à se répandre le goût de ces compositions romanesques, qui, plus tard, perfectionnées par les trouvères, devaient amener une ère nouvelle pour la musique comme pour la poésie *.

Ainsi donc, imitateurs des rapsodes de l'antiquité, déjà les jongleurs ** redisaient les vers des poètes. L'instrument qui accompagnait leurs chants était ordinairement la vielle, espèce de violon à trois cordes dont on jouait avec un archet. Quelquefois aussi on se servait de la harpe, mais l'usage de la vielle paraît avoir été plus répandu.

L'art devrait donc se diviser pour cette époque en musique religieuse et en musique profane. Un troisième genre pourrait encore y être ajouté.

« Charlemagne, disent les historiens, fit

* Recherches sur les Trouvères, t. 1er, p. 334.
** Recherches sur les Trouvères, t. 1er, p. 338.

» faire des lais en langue vulgaire, contenant
» les gestes des anciens, et voulut qu'on les fît
» apprendre par cœur aux enfants, et qu'ils
» les chantassent, afin que la mémoire en
» demeurât de père en fils *. » —Ces lais paraissent avoir été les mêmes que ceux qui por-
taient le nom de *bardits* chez les Francs. C'é-
taient de longs récits modulés, consacrés à retracer les exploits guerriers, et qui, se gravant
ineffaçablement dans le souvenir, devaient sa-
tisfaire d'une manière merveilleuse cet avide
besoin de connaître, instinct de toute société
dont une civilisation avancée n'a point encore
émoussé les sensations **.

Ces lais ou ces bardits nous paraîtront avoir
constitué un troisième genre, qu'on pourrait
appeler du nom de musique guerrière.

C'est ainsi que nous croyons devoir considérer l'état de l'art pour la Normandie comme
pour le reste de la France, à l'époque qui
précéda l'arivée de Rollon, réduite sous le rapport de la musique ecclésiastique au simple
chant et à la psalmodie, cultivée avec un peu

* Laborde, t. 1er, p. 101. Voyez aussi histoire de France.
** Rosencrantz. *Geschichte der poësie*, t. 3, p. 2.

plus d'extension par les jongleurs qni se trouvaient à la fois dépositaires des chants d'amour et des lais guerriers. Peut-être nous serait-il aisé de suppléer ici à l'absence des faits par des conjectures, mais il nous semble devoir, dans l'intérêt même de notre travail, nous abstenir de toute considération que nous ne pouvons appuyer de preuves historiques et positives.

On a vu que la seule institution favorable aux arts avait pris naissance dans les monastères; c'est là qu'ils florissaient paisibles et lents dans leurs progrès, protégés par la religion alors toute puissante sur l'esprit des peuples. Le clergé jouissait aussi d'une grande considération, et c'était vers lui qu'avait reflué les richesses, de sorte que, le premier, il eut à souffrir des maux qu'entraîna l'invasion des Normands*. Dévastés ou même ruinés de fond en comble, la plupart des monastères n'offrirent plus que le triste spectacle de leurs débris; tandis qu'errants et fugitifs, les moines, seuls dépositaires des sciences alors connues, se virent contraints, avec le reste de la population,

* Voyez Guillaume de Jumièges, traduction de Guizot, p. 114

de chercher un asile dans les profondeurs des cavernes *.

Tel fut jusqu'au traité de Saint-Clair-sur-Epte, qui eut lieu en 911, l'état de la Normandie sous le rapport des arts, et tel on doit naturellement s'attendre à le trouver aux premiers temps de la domination normande.

Cependant, comme ce fut seulement sous le règne de Guillaume-Longue-Epée, successeur de Rollon, que le langage normand qui était le même que celui des *Sagas*, disparut en partie **, excepté dans le Bessin et le Cotentin où les traditions du Nord semblaient avoir pris de plus profondes racines, ne serait-on pas fondé à croire que, dans la plus grande partie du Xe siècle, les mœurs scandinaves ont dû influer sur la musique des Normands, de même qu'elles consacrèrent alors la plupart des noms, en presque totalité, d'origine danoise *** ?

* « Les côteaux qui longent la gauche de la rivière de l'Orne « dans Calix et dans Hérouville, et le château de Caen lui-même, « sont remplis de ces souterrains, dont la profondeur est in-« connue. — » Voir De la Rue, *Essais sur Caen*, t. 1er, p 39.

** Depping, *Expéditions maritimes des Normands*, t. 2, p. 138

*** Une grande partie des noms de lieux se terminent en Normandie en *eu* ou *eur*, *dab*, *bec* ou *gard* : toutes terminaisons

Ce serait donc, selon nous, les scaldes qui, seuls dans les premiers temps de la domination des hommes du Nord, durent conserver sur notre sol le germe de toute musique, comme de toute poésie *. Admis avec honneur à la cour des rois, ils avaient le pas sur les plus fameux guerriers ; c'était à eux que le soin d'élever la jeunesse était confié. De leurs chants dépendaient la gloire et la renommée ; enfin, présidant à tous les actes importants de la vie, leurs harpes se faisaient également entendre au moment de la naissance comme à celui de la mort.

Souvent répandus sur différents points des armées, on les voyait exciter le courage des soldats, et, s'exposant aux mêmes périls qu'eux, suivre toutes les chances successives du combat dont ils devaient perpétuer la mémoire **.

On conçoit donc quelle influence les scaldes durent exercer sur l'esprit de la nation nor-

familiéres aux peuples du Nord. — En Danemark et en Suède *bec* veut dire ruisseau. En Allemand *thal* dont nous avons fait *dal*, veut dire vallée, etc.

* Warton *History of English*, t. 1er, p. 151.

** Villoteau, de l'*Analogie de la Musique avec les Arts, qui ont pour but l'imitation du langage*, tome 2, page 229. — Voyez aussi Malet, dans son introduction à l'histoire du Danemark.

mande , et l'on cesse de s'étonner en voyant
la révolte que faillit exciter leur renvoi de la
cour du jeune Richard II , fils de Guillaume-
Longue-Epée. On sait, qu'éclairés sur les perfi-
des desseins de Louis-d'Outremer , les scaldes
s'efforçaient de soulever le peuple contre la
dangereuse tutelle du roi de France *.

Exilés de la cour , les scaldes retournèrent
dans le Nord ; mais , du moins , laissèrent-ils
après eux la mémoire de ces chants guerriers ,
empreints des images poétiques si familières à
la mère-patrie ; et , de là vint que les idées
de grandeur et d'héroïsme , générales chez les
nations scandinaves, s'enracinèrent, pour ainsi
dire , dans la Normandie , et plus tard , inspi-
rèrent à nos trouvères ces nobles chants qui
devaient acquérir dans les siècles suivants une
si heureuse influence sur les mœurs et les ha-
bitudes de la nation entière.

C'est aussi à la même origine qu'il faut attribuer le goût des Normands pour la chasse et

* Ce même Louis d'Outremer , qui cherchait à détrôner le fils
de son bienfaiteur Guillaume-Longue-Epée, étant un jour à Tours,
vers 940 , se moqua de Foulques , comte d'Anjou , qui , placé
dans le chœur au milieu des chanoines , chantait l'office avec eux.
Le comte d'Anjou écrivit le lendemain au roi : « sachez , sire ,
qu'un roi sans musique est un âne couronné.

l'usage du cor *, qui devint général parmi eux. Ces instruments étaient faits de corne d'animaux ; ils avaient à peu près la forme des cornets des vachers ; plus tard, ils devinrent une espèce de meuble indispensable que portait l'écuyer dont se faisaient accompagner les paladins.

Le règne de Richard II fut surtout remarquable par le zèle qu'on apporta au rétablissement des monastères ; mais, si l'on a égard à la difficulté que l'on éprouvait à se procurer des matériaux, à l'extrême solidité que l'on donnait aux monuments, on concevra que cette reconstruction dut être aussi longue qu'elle était patiente **.

On peut donc considérer l'art comme à peu près nul dans les premiers temps de la domination des successeurs de Rollon ; car, toute musique, de même que toute poésie, étant d'abord le domaine du peuple, avant de devenir celui de la partie la plus éclairée de la nation, il faut des circonstances favorables au bonheur d'un pays, pour que l'existence de

---

* Laborde, tome 1er, page 223.

** M. de Caumont, *Cours d'architecture monumentale*, quatrième partie, page 110.

l'art puisse être constatée. La reconstruction des monastères pouvait seule amener, alors, cet état de choses pour la Normandie. Nous n'oserions nous permettre de lancer nos prévisions dans l'avenir ; mais, peut-être, serait-il juste d'observer que la musique n'aura tout-à-fait atteint son véritable but, que lorsqu'elle sera rentrée de nouveau dans le domaine du peuple.

Sans doute aussi, que l'attente générale où l'on était de la fin du monde, contribua, d'accord avec des guerres fâcheuses, à jeter dans les esprits un découragement dont les suites durent être fatales aux progrès d'un art tel que la musique.

Nous voici, au reste, parvenus à une époque brillante qui va nous offrir une ample compensation des commencements un peu arides que nous avions à parcourir.

XIe SIÈCLE.

Des relations établies durant ce siècle entre la Normandie et l'Italie, par les conquêtes des Normands en Sicile.

L'aurore du XIe siècle s'annonça, pour la Normandie, par un de ces événements dont le glorieux souvenir se perpétue jusqu'à la postérité. Une poignée de Normands entraînés hors de leur nouvelle patrie par le besoin insatiable des aventures, abordent en Sicile et s'emparent de cette florissante contrée, que leur disputaient à la fois les Grecs et les Sarrazins.

Comme il ne saurait entrer dans notre plan de suivre cette petite troupe de héros dans sa merveilleuse carrière, nous dirons seulement ce qui, dans des circonstances, du reste si glorieuses pour la Normandie, a pu influer sur les progrès que fit la musique dans cette province, pendant la durée du XIe siècle.

Un simple bénédictin, Guy d'Arrezzo, venait d'enrichir l'Italie d'une découverte qui, plus tard, devait amener une révolution complète dans la musique, mais qui avait déjà simplifié l'enseignement. En effet, son échelle musicale qui n'était autre chose que la gamme, en rendant sensible le progrès des sons, ôtait une partie de ses difficultés à l'art, et, par conséquent, le popularisait en Italie *.

D'un autre côté, les Grecs qui, depuis si long-temps, possédaient cette contrée, en répandant le goût général des arts, avaient contribué surtout à fortifier celui de la musique, qui avait fait les délices de Constantin VII, un de leurs derniers empereurs **.

L'art jouissait donc d'une noble splendeur parmi les Grecs qui gouvernaient l'Italie, tandis que les Sarrazins, maîtres d'une partie de la Sicile, se laissaient amollir par les suites du

---

* Le monastère de Saint-Evroult a long-temps possédé l'ouvrage manuscrit de Guy d'Arezzo, qui, passé à la bibliothèque d'Alençon, vient d'être cédé à la bibliothèque royale. Ce fameux manuscrit contient trois traités qui ne se trouvent nulle autre part, savoir : l'*Antiphonaire* et le *Graduel* ; le *Traité de Modorum Formulis* et le *Prologue Rythmique de Modorum Formulis*. M. Bottée de Toulmon, bibliothécaire du conservatoire de musique d'Alençon, a fait un rapport fort savant sur cet ouvrage, et qui doit paraître prochainement dans les mémoires de la société des Antiquaires de Normandie.

** Ce prince composa un grand nombre de chants; il était parvenu à rassembler dans son palais une foule de musiciens qu'il présidait en joignant sa voix à leurs instruments.

triomphe. Leurs arts n'avaient sans doute pas atteint un grand degré de perfection ; mais , comme chez tous les peuples du Midi , la musique excitait leur sensibilité à un degré extrême * . Prenant même un mode différent pour peindre chaque impression , elle leur tenait , en quelque sorte , lieu de langage.

Il est inutile d'insister ici sur les fréquents rapports qui s'établirent dès cette époque entre les habitants de la Normandie et ceux des contrées méridionales. Mais un grand seigneur s'était-il attiré quelque fâcheuse affaire par sa turbulence , il partait aussitôt pour la Sicile , laissant ainsi au temps le soin d'étouffer les plaintes **. De même que , si un religieux éprouvait quelque désagrément dans son monastère , il se rendait , accompagné de jeunes néophytes , dans les nouveaux établissements de ses compatriotes , et fondait , sur les rives de la Sicile , un de ces cloîtres où il lui était doux sans doute de dominer à son tour. C'est ainsi qu'on vit , à cette époque , le moine Gamaliel , *chantre illustre* , au dire d'Orderic

* Laborde, tome 1er , page 175. — *Border's oriental travels*, page 119.

** Guillaume de Jumiéges, page 189. Voyez aussi dans Orderic Vital , tome 2 , page 102 et suivantes , l'*Assassinat de Mabile*.

Vital, abandonner le monastère d'Ouche pour
en fonder un dans la conquête des fils de Tancrède ; mais, par une bizarrerie que nous ne
pouvons passer sous silence, ces moines expa-
triés ne voulurent en rien se départir du chant
gallican, tel que l'avait adopté le clergé en
Normandie. Les moines italiens qui suivirent
la règle des nouveaux venus furent obligés de
chanter d'après leur méthode ; de sorte, que
non contents de dominer l'Italie par la terreur
de leurs armes, les fiers descendants de Rollon
lui imposèrent encore en partie l'enfance de
leurs arts.

Cette étrange prétention n'eut cependant
pas, à ce qu'il paraît, de grandes suites. Vers
1094, un moine sicilien fut promu à l'évêché
d'Avranches. Les historiens ont parlé du savoir
et des vertus du pieux Michel, et s'il eût ren-
contré la moindre opposition sous le rapport
du chant ecclésiastique, nous n'eussions pas
manqué de l'apprendre ; car, alors, de semblables querelles étaient rangées au nombre
des faits les plus importants. Il est donc à pré-
sumer que l'évêque sicilien fit adopter la méthode d'Italie, du moins dans le pays soumis
à sa juridiction ; et si des documents positifs
nous manquent sur cette circonstance, nous

ne devons l'attribuer qu'aux troubles qui, depuis, désolèrent la Normandie et anéantirent la plus grande partie de ses archives.

Il est de fait qu'on doit déplorer dans l'intérêt de l'art, l'opposition puérile que mit sans cesse le clergé normand à l'introduction de toute méthode contraire à sa tradition des vieilles mélodies gauloises; mais, si la pensée se reporte un moment vers l'existence errante des malheureux moines victimes de l'invasion des pirates du Nord; si on se les représente cachés dans de profondes cavernes, charmant l'ennui de leur solitude par ces chants qu'on leur avait appris à balbutier dès leur enfance, on cesse de leur en vouloir en les voyant tenir exclusivement à ces chants, doublement consacrés pour eux par la religion et l'infortune.

C'est aussi à l'influence du clergé qu'on doit attribuer la prompte disparition des chants des scaldes [*], à moins qu'on ne veuille supposer que, fixé par de graves intérêts sur des rivages nouvellement conquis, le pouvoir qui avait su y entraîner ces âmes ardentes, crut ensuite essentiel de leur interdire les chants si mélancoliques du pays natal; de

[*] Depping, *Expéditions maritimes des Normands*, t. 2, p. 136.

même qu'autrefois, nous refusions au Suisse enrôlé sous nos drapeaux, l'air naïf qui lui rappelait ses montagnes.

Voilà, sans doute, pourquoi l'apparition du scalde Sigvatur, qui, vers l'année 1019, vint publier à Rouen le recueil de ses chansons occidentales, fut considéré comme un évènement remarquable pour toute la Normandie. Favori du roi Canut-le-Grand, le but de sa vie semble avoir été de propager la gloire de son maître, tandis que ses chants guerriers servaient, peut-être à l'insu même des Normands, cet instinct secret qui, dans ce siècle encore, les poussait irrésistiblement vers les souvenirs de la mère-patrie, instinct qui décélait, du reste, l'enthousiasme avec lequel le scalde Sigvatur se vit accueilli par eux.

D'après ce que nous avons dit plus haut de l'influence qu'exerça si long-temps le clergé sur l'enseignement de la musique, on ne s'étonnera pas de nous voir chercher de nouveau dans les cloîtres la trace de la lente progression de cet art. Mais, au moment de signaler les noms de ceux qui s'illustrèrent par lui dans ce siècle, on est effrayé de la longueur d'une telle nomenclature ; il faut donc se borner à extraire quelques dates et quelques faits.

D'abord, nous voyons Aynard, né vers la fin du Xe siècle, mort le 14 janvier 1078, compositeur de musique religieuse ; Thomas, né à Bayeux vers 1027, célèbre dans le même genre ; Durand, abbé de Troarn, qui écrivait sur les règles du chant ; Thierry, abbé de Saint-Evroult *, qui notait de sa propre main un graduel et un antiphonier ; mais, de tous ces travaux, un petit nombre de dates ajoutées à des noms, voilà ce qui seul subsiste encore ! Et pourtant, ces moines, aujourd'hui si obscurs, ont fait l'admiration de leur siècle ! Cet Aynard, par exemple, qu'à peine nous croyons devoir indiquer ici, c'est dans les auteurs contemporains, dans Ordéric Vital surtout, qu'il faut le voir désigné comme *habile dans l'art de chanter avec modulation et de composer des chants pieux*, et peut-être ne suivra-t-on pas sans intérêt les traces de sa vie laborieuse, éparses dans le vieil historien, et rapportées par lui d'une manière aussi piquante que naïve.

Guillaume-le-Conquérant, dont le nom domine pour ainsi dire nos annales, paraît avoir

---

* Lebeuf, dans son *Traité du Plain-Chant*, parle avec assez de détails de ce moine. — Voyez page 35.

accordé une attention spéciale à la musique ;
il passe pour avoir aimé *la splendeur des
chants pieux*, et souvent il força ses chevaliers
d'interrompre leurs jeux pour assister aux di-
vins offices [*]. On raconte aussi , qu'après la
bataille de Mortemer , où il avait triomphé
du roi de France , il envoya ses chanteurs répéter un couplet satyrique aux portes de la
ville où s'était retiré le vaincu[**].

Lanfranc , que Guillaume mit à la tête de
l'abbaye de Saint-Etienne , paraît s'être également occupé des chants ecclésiastiques , de
même que son successeur Guillaume Bonne-
Ame ; mais en vain , chercherait-on dans
leurs œuvres quelque trace de l'état de l'art à
cette époque. Plus occupés de la lithurgie que
de la musique par elle-même , l'un et l'autre
n'ont fait que conserver les traditions.

Jean, evêque d'Avranches, que nous croyons

[*] Guillaume de Poitiers , traduction de Guizot , page 435.

[**] C'était le couplet :

> Réveillez voï et voï levez ,
> François qui trop dormi avez
> Allez bientôt voir vos amis
> Que les Normands ont à mort mis ,
> Entr-Escouys et Mortemer
> Là vous convient les inhumer.

devoir citer aussi, était fils du comte de Bayeux, de la famille des ducs de Normandie ; il paraît avoir été en grande vénération parmi le clergé de son temps. C'est ainsi qu'en parle Guillaume, archidiacre de Lisieux. Il a composé, durant son épiscopat, un traité des *Saints Offices* ; mais, où il s'est occupé des dignités ecclésiastiques de préférence à la musique *.

Ce fut à la bataille qui soumit l'Angleterre que les Normands paraissent avoir fait usage, pour la première fois, de ces petites trompettes nommées *bucines*, et qu'on voit sur la tapisserie de la reine Mathilde. Ce n'était, à vrai dire, qu'une bien faible amélioration du cor, qui n'avait servi jusqu'alors que pour la chasse, tandis que les *trompes*, espèces de tuyaux longs et droits, étaient exclusivement consacrées aux exercices militaires.

C'est aussi, à cette même bataille de Hastings, que le fameux Taillefer,

> Moult bien chantoit,
> Sur un cheval qui tôt alloit, etc.

lui, le dernier de cette race merveilleuse de

---

* Le manuscrit de Jean d'Avranches est en *latin*, et se trouve à la bibliothèque de Caen. Je dois à l'obligeance du conservateur (M. Hébert), d'avoir pu *rendre compte* du *traité des Saints Offices*.

poètes , qui à la fois guerriers et musiciens ,
s'exposaient gaiement à tout le choc des ba-
taillons ennemis , et semblaient s'être fait un
jeu du péril, moins peut-être encore dans l'intérêt du triomphe des leurs , qu'afin de rehaus-
ser leurs chants d'un plus grand nombre d'é-
pisodes *.

Et n'est-ce pas ici le lieu de déplorer la
perte de la tradition qui s'attachait à ce roi
Gabet , dont l'existence sans doute fabuleuse,
n'a laissé de traces que dans les poètes et les
romanciers ? Objet d'une espèce de culte , di-
vinité tutélaire des musiciens**, que de choses
résumerait pour nous une recherche conscien-
cieuse de l'origine de ce personnage singulier,
mystérieuse création qui semble fuir devant les
investigations de la critique , et qui n'est peut-
être , après tout , que quelque farfadet échappé
des forêts scandinaves.

C'est , nous n'hésitons pas à le dire , au
contact des Normands avec les peuples du Midi,

* Plusieurs savants , notamment M. De la Rue , semblent con-
vaincus que le chant entendu aux plaines de Hastings , devait
être consacré à Bollon et non pas à Rolland, le paladin de Charlemagne.

** il est le Dieu des jongleurs
      ? le Dieu de tous les chanteors. — (Robert Wace.)

qu'on dut de voir la musique et la poésie plus
généralement cultivée qu'elle ne l'avait été
dans les provinces du Nord de la France. On
rapporte que l'évêque Guy, attaché à la suite
de la reine Mathilde, composait un poème mé-
trique, où était racontée toute l'histoire de la
conquête ; et, si nous en croyons les contemporains, ce poème aurait au moins égalé l'œuvre
de Virgile. Ceci nous importe peu. Le principal pour nous, c'est d'apprendre que l'auteur
de ce poème le destinait à être chanté, seule
voie de publication alors connue.

C'est toujours à cette même influence de
l'esprit méridional que nous attribuerons aussi
l'espèce de fermentation qui se répandit vers
la fin de ce siècle en Normandie, au sujet de
la musique, où chacun sembla se croire en
droit d'innover. Un chantre nommé Aribon,
venait d'inventer une méthode qu'il appelait
caprea, et qui paraîtrait n'avoir consisté que
dans l'absence de toute règle. Aribon, qui a
joui d'une grande renommée dans son temps,
est maintenant tombé dans un complet oubli,
de même que les Théodoric, les Gamaliel, les
Roger, les Rainault, les Raoul-Mal-Couronne,
qui tous brillèrent dans ce siècle, et que nous
dédaignons comme auteurs de productions in-

formes. Et pourtant, c'est du fond des monastères que sont sortis ces chants religieux dont
plusieurs subsistent encore ! N'est-ce pas aux
moines normands qu'on a dû d'avoir conservé l'art comme branche particulière d'enseignement? Ne sont-ce pas ces hommes studieux,
qui, s'arrachant aux douceurs de la vie sociale,
ne vivant pour ainsi dire que pour une pensée,
celle de la science, nous ont procuré ces
sources de connaissances que la barbarie des
temps menaçait de tarir ?

Telle fut, dans une autre province, l'école
de chant instituée par l'évêque de Chartres,
protégée par le roi de France Robert, où l'on
voyait accourir une foule de jeunes Normands[*]
dont les talents venaient ensuite enrichir leur
patrie, et qui, dans nos monastères les plus
renommés, tels que ceux d'Ouche ou de Fécamp, transmettaient la méthode plus perfec-
tionnée qu'ils avaient reçue.

Ah ! sans doute, si l'histoire a dédaigné le
récit de tant de patients labeurs, c'est, n'en
doutons pas, que ses efforts succombaient sous
l'accumulation de toutes nos gloires nationales,

[*] Ordéric Vital, t. 3, p. 90 — Lebeuf, dans son *Traité du
Plain Chant*, p. 21.

et nous-mêmes, tout en déplorant ici son injuste silence, pouvons-nous lui reprocher l'oubli de quelques détails ou de quelques noms, lorsqu'il s'agit du siècle qui vit naître les exploits des fils de Tancrède et des héroïques compagnons de Guillaume ?

XIIe SIÈCLE.

Nouvelles relations établies durant ce siècle entre les Normands et les peuples méridionaux.

Bien que la prise de Tolède date du XIe siècle, nous croyons devoir néanmoins la mettre au premier rang parmi les causes qui influèrent le plus sur la musique au XIIe. Arrivée en 1085, quinze années au moins durent s'écouler avant que ses effets pussent être ressentis en Normandie.

C'est donc à partir du XIIe siècle seulement que nous allons examiner les suites que durent avoir les nouvelles communications établies entre les Normands et les peuples méridionaux.

Il est inutile de rappeler ici les circonstances qui accompagnèrent cet événement si remarquable , du reste , dans l'histoire de l'art. La brillante expédition du roi de Castille et l'appui chevaleresque que lui offrirent les Français , ont été le thème favori des chants de l'époque.

Soumis à la domination espagnole , les Arabes n'en avaient pas moins continué à faire fleurir les arts dans Tolède * , où la musique occupa , comme on le sait , toujours le premier rang ** ; elle qui , après son exil de la Grèce , cette terre féconde de toute gloire , semblait n'avoir dû trouver d'asile que sous la tente voyageuse des enfants du désert. Aussi , dès-lors empreinte de sa poétique origine , elle se formula dans ces récits cadencés dont s'emparèrent si avidement les trouvères. Revêtus par eux de nos couleurs nationales , de semblables récits, accompagnés de musique, succédèrent en quelque sorte aux cantiques des moines , et , désormais , les échos de la Normandie ne rétentirent pas seulement de leurs chants pieux ; loin de là , quelquefois ils ont

* M. De la Rue , *Recherches sur les Trouvères* , introduction , page 2.
** Voir Sammlung . Der lesten alten spanischem romanzen — Leipzig.

même redit , en les confondant , les prodiges de nos saints et les merveilles de nos fées , les exploits de nos géants et les amours de nos paladins.

Et , disons le , mais nul art , peut-être , n'a recueilli plus de traditions , plus de fleurs de véritable poésie , en traversant les siècles pour arriver jusqu'à nous ; lui , cet enfant des sylphes et des fées scandinaves , dont le berceau lancé sur les vagues vint aborder aux rivages de la Neustrie , et qui , à peine adolescent , se vit emmener par nos trouvères , afin d'apprendre à moduler ses soupirs d'amour , sous les suaves bosquets de l'Allembrah !

C'est à partir de cette époque mémorable que la musique, affranchie du joug que lui imposaient les moines , put offrir une nouvelle carrière de gloire aux plus illustres de nos guerriers normands.

Maurice de Craon *, qui le premier parut dans cette lice , était petit-fils de ce Guy de Craon , qui accompagna Guillaume à la conquête. L'histoire a gardé le silence sur les exploits de Maurice. D'autres que nous pourront

---

* Laborde le fait passer à tort pour frère de Pierre de Craon , tome 2 , page 184

regretter une pareille lacune ; mais , nous , il
nous semble trouver du charme dans une réti-
cence qui nous permet de ne voir dans le noble
seigneur de Craon que le simple musicien.
N'est-ce pas lui qui , le premier , fit ainsi connaître à une noblesse turbulente et jalouse de
ses droits , cet art qui , plus que tout autre ,
sut adoucir les mœurs , et leur faire perdre
quelque chose de leur primitive rudesse ?

Ce fut donc au XIIe siècle que cette influence de la musique sur notre caractère na-
tional devint tout-à-fait remarquable. En effet , si jusqu'alors elle s'était montrée tour à
tour religieuse sous l'influence d'un clergé do-
minateur ; guerrière , grâce aux descendants
des héros scandinaves , désormais , nous allons
la voir , lasse enfin de suivre une impulsion
pour ainsi dire commandée , devenir elle-même
la source de l'enthousiasme , en dirigeant les
esprits vers ces principes généreux qu'enseignait la chevalerie : tant il est vrai , qu'à quelqu'époque de l'histoire que la pensée se reporte, toujours elle rencontre la musique ame-
nant les peuples à la civilisation *.

---

* Villoteau , de l'*Analogie de la Musique avec les Arts , qui
ont pour but l'imitation du langage* , tome 2 , page 300.

Pierre de Craon, héritier des talents de son
père, fut confirmé dans les biens de celui-ci
par le roi Jean-sans-Terre. On n'a pas d'autres
détails sur la vie de Pierre ; mais il paraît que
le goût de la musique et de la poésie s'est
transmis plus d'une fois dans cette famille privilégiée. C'est, du moins, ce qu'exprime la
chanson.

> Bien et loïaument
> Lont servie de Craon leur age. [*]

Robert de Mauvoisin, qui prit la croix en
1197, possédait des terres considérables en
Normandie. Après s'être vaillamment distingué
dans les croisades, il revint sous le toit pater-
nel, et se mit à chanter moins les exploits dont
il avait été le héros que la beauté dont le souvenir l'avait charmé dans ses voyages. — « Ap-
» partenant à la maison de Coucy, a dit l'ab-
» bé De la Rue, il eût été bien difficile que
» Robert de Mauvoisin n'eût pas appris à
chanter l'amour. » —

On ne nous blâmera pas, je présume, de
citer aussi cet abbé de Bernay, qui, sans être
lui-même musicien, avait la troupe de jongleurs

[*] Manuscrit de Cangé.

la mieux réglée du temps. Cet abus paraît au
reste avoir fixé l'attention de plusieurs conciles.
Les reproches qu'ils adressèrent au clergé
étaient fondés, et l'on devait s'indigner de voir
succéder aux chants graves des Aynard et des
Théodoric, ces compositions romanesques,
où les sentiments les plus exaltés emprun-
taient le pouvoir de l'art, comme pour redou-
bler encore l'attrait des naïves fictions d'une
poésie primitive.

Et pourtant nul nom n'est resté parmi la
foule de ces ménestrels et de ces jongleurs qui
encombraient les cloîtres et les châteaux ; nul
chant n'a consacré le souvenir de ces premiers
efforts de l'art en demeurant gravé d'une manière ineffaçable dans la mémoire des peuples !
Non ; la musique était enfin entrée en quelque
sorte dans nos mœurs ; on avait cessé d'en-
tourer d'hommages et de vénération ceux qui
la cultivaient ; l'art en se popularisant perdait
déjà de son prestige, et le musicien commençait
à ne plus paraître qu'un subalterne aux gages
de quelques grands, ou colportant humble-
ment son talent dans la foule.

Ce furent néanmoins ces mêmes ménestrels
ou jongleurs qui parvinrent à répandre en Normandie, comme dans le reste de la France,

le goût de ces romans chantés que nous avions
empruntés aux Arabes. En tête des ouvrages de
ce genre se trouvait toujours un premier vers
noté par des jongleurs , de sorte qu'après leur
départ du monastère ou du château , leurs
chants se trouvaient redits , par la nonne ou
le religieux , par le page ou la jouvencelle.

Nous avons vu qu'après l'invasion des Normands , la musique s'était trouvée réduite en
partie aux chants ecclésiastiques , non plus
enseignés avec pompe et splendeur comme au
temps de Charlemagne , mais redits d'une manière furtive et à l'insu des vainqueurs. L'art
consistait alors dans les seuls airs gaulois dont
les principes servirent plus tard de base à nos
chants religieux. Convertis au christianisme,
les Normands les avaient adoptés comme une
partie inséparable du rite, en même temps que
leurs scaldes qui, chez-nous, prirent le nom de
ménestrels , nous communiquèrent quelques
notions de ces chants guerriers qui , germant
dans l'esprit de la nation , préparèrent l'impulsion donnée par nos rapports fréquents
avec les peuples du Midi. Alors seulement s'é-
tablit une différence bien marquée entre ce
qu'on pourrait appeler le genre grave et le
genre idéal. Le premier, long-temps borné au

plain-chant, et enseigné dans les monastères, l'autre comprenant les chansons des sires de Craon et de Mauvoisin, de même que les récits chantés par les trouvères. C'est à ce dernier genre que nous serions tentés de donner le nom d'idéal, parce que s'éloignant du principe si simple de nos vieux chants gaulois, il admettait aisément toutes les innovations dont le goût s'établissait par nos communications avec les habitants des contrées méridionales.

Toutefois, si la musique ecclésiastique parut ne pas fixer exclusivement l'attention des Normands, pendant la durée de ce siècle, il serait injuste pourtant d'en conclure qu'elle y fut tout-à-fait négligée. C'est à Hubert, nommé évêque d'Avranches vers 1154, et qu'on a coutume de désigner sous le nom de Robert-du-Mont, que nous sommes redevables de la conservation d'un manuscrit du traité de Boëce sur la musique. Il existe aussi un cartulaire de Robert-du-Mont où se trouve un dessin à la plume représentant plusieurs instruments dont parle Boëce *. Ceci nous amène naturel-

* Voyez l'histoire du Mont-Saint-Michel, par M. l'abbé Desroches, curé de Folligny, t. 4er, p. 328, à l'article du XIIe siècle

Le manuscrit de Boëce existe encore à la bibliothèque d'Avranches.

lement à hasarder quelques observations sur l'état de notre musique instrumentale vers cette époque.

L'accompagnement des instruments a une date si reculée que nous ne pourrions, sans nous écarter de notre plan, entreprendre à ce sujet la moindre recherche *. Seulement nous pouvons préciser que, dans le XII° siècle, il y avait un orgue à l'abbaye de Fécamp **, dont la courte description se trouve dans une lettre, que Baudri, évêque de Dol, écrivait aux religieux de cette abbaye, où il parle du plaisir qu'il avait eu autrefois à l'entendre. D'après ce qu'il en dit, il est assez aisé de voir que c'était un orgue à soufflet comme les nôtres. L'introduction de l'orgue dans les églises paraît avoir essuyé quelques difficultés. Les distractions que cette nouveauté causait aux fidèles était probablement la cause de l'opposition du clergé à cet égard. Mais il n'est plus parlé des orgues jusqu'à l'époque des troubles religieux où leur destruction fut si amère-

---

* Voyez Barette, t. 10, *Des mémoires de l'académie des inscriptions*, année 1730, section 13, p. 253.

** Voyez un article fort curieux sur les orgues, par M. de Caumont, imprimé dans les mémoires de la Société des Antiquaires de Normandie, t. 2, page 672.

ment déplorée par les contemporains , ainsi que nous le verrons plus tard.

Ce fut alors aussi qu'on commença à se servir de la *rota* , espèce de vielle dont le son était fort doux , et qui joue un rôle important dans les romans et les fabliaux. C'est alors aussi qu'on paraît avoir fait usage du *rebec* , violon qui , au contraire , avait le son si aïgu , que long-temps on a dit en proverbe — un visage de rebec , — pour donner l'idée d'une physionomie qui n'est rien moins que gracieuse.

Nous avons eu occasion de dire plus haut que la vielle n'était qu'un violon à trois cordes. Il est un passage du roman d'Alexandre qui éclaircit parfaitement tous les doutes à cet égard :

Li uns (dit-il) tient une vielle , l'arçon fut de Saphir.

Les auteurs du XIIIe siècle , sont la-dessus parfaitement d'accord.

Ce fut aussi dans le XIIe , qu'on commença à se servir des *naquaires* * ou *nacaires* , espèce de tambours dont l'usage était général en Orient.

* Voir Froissard , livre 1er , p. 170 — Les Arabes appelaient Naquárah. (Roquefort) » —

On ne nous pardonnerait pas, je pense, si nous négligions de rappeler ici une de nos grandes célébrités nationales, ce Richard-cœur-de-Lion qui charmait l'ennui de sa captivité par les chants de la patrie. D'ailleurs, comment notre pensée ne se porterait-elle pas naturellement vers l'anecdote si connue du troubadour Blondel, à laquelle la France doit un des plus jolis opéra de Grétry? Il est vrai qu'une sévère critique a quelquefois étendu son septicisme jusque sur le dévouement du ménestrel du roi Richard; mais nous, il nous semble que dépouiller l'histoire d'un pareil fait, ce serait ravir aux arts le mérite si doux d'être la source des nobles sentiments et des pensées généreuses. Le XIIe siècle s'est montré remarquable surtout, par des vices tranchés et des actions sublimes. Comme expression des mœurs, la musique à la fois bruyante et naïve dont le goût se répandit alors, peint admirablement cette double puissance. Tour-à-tour, cruels et généreux, nos ancêtres eurent, au temps dont nous parlons, l'avantage précieux d'avoir reconnu la noble mission de l'art. Richard-cœur-de-Lion et son troubadour Blondel résumèrent à eux seuls le caractère de la musique, à cette époque de ru-

desse où on lui dut les actes d'une touchante
piété et les élans d'une fidélité généreuse.

XIIIe ET XIVe SIÈCLES.

Époque de la réunion de la Normandie à la France. — Troubles
de la Normandie, causés par la descente des Anglais, en 1299.
—Influence de ces troubles sur la musique.

Les triomphes de Philippe-Auguste et la
réunion qu'ils opérèrent entre la Normandie et
la France, ont été trop marquants et trop souvent analysés pour qu'il nous reste beaucoup
à dire sur l'influence que ce mémorable évènement a pu exercer sur nos arts. C'est à lui que
les légistes font remonter les premières institutions favorables aux libertés des communes,
ainsi que le lien d'unité, qui commença dès
lors à rattacher la nation à la royauté. Doué
d'un génie actif, Philippe-Auguste profita de
ces circonstances favorables pour répandre les
lumières, autant qu'il dépendait de lui ; mais
comme la totalité de la Normandie ne revint
à la France qu'après deux siècles de guerres

opiniâtres , nous nous croyons autorisés à ne voir dans cet évènement que peu de causes favorables au progrès de la musique.

Cependant nous ne devons pas oublier qu'à la bataille de Bouvines , un chevalier normand , déjà célèbre comme l'un de nos premiers chansonniers , se faisait également distinguer par son brillant courage.

C'était Jean de Trye , d'une famille illustre par les emplois qu'elle occupa sous plusieurs de nos monarques*, et dont les chants tendres et chevaleresques illustrèrent le nom de la belle Adèle de Blois. A l'exception de cette passion , nous n'avons aucun fait à rapporter sur Jean de Trye , et la plus grande partie de ses ouvrages a d'ailleurs été perdue.

Le commencement du XIIIe siècle vit également briller Raoul de Ferrière et Roger d'Andely. Quelques chartes de donations à l'église, et un petit nombre de chansons consacrées au culte de la beauté , voilà ce qui seul atteste encore leur existence. Bizarre association de souvenirs qui , au temps où vivaient ces chan-

* Il y eut , en 1320 , un Mathieu de Trye qui fut maréchal de France. Un autre du même nom fut grand maître de la maison de Philippe-le-Bel.

teurs, ne pouvait au reste surprendre. Presque tous les monastères normands avaient leurs jongleurs à titre, et l'exemple de l'abbé de Bernay, si remarqué dans le siècle précédent, avait trouvé bien des imitateurs parmi ses confrères.

Ce fut durant la minorité de Saint-Louis que parut Hugues-de-la Ferté, qui, seul de son époque, a donné une teinte toute politique à ses chants. Voué au parti de la reine Blanche, il s'efforçait de la rendre populaire, soit en célébrant ses vertus, soit en jetant le blâme et le ridicule sur les grands ligués, contre elle. Plus tard, et dans une vieillesse avancée, on l'entendait célébrer la valeur et la générosité de Saint-Louis, en même temps que sa propre réputation de sagesse et de savoir lui donnait le droit d'adresser des conseils au jeune monarque.

On ignore l'époque précise de sa mort, arrivée, à ce qu'on croit, vers la fin du règne de Saint-Louis.

Richard de Semilly, petit-fils d'un connétable de Normandie, a laissé quelques chansons dans le genre érotique *, et quelques pastou-

---

* Voir Laborde, t. 2, p 213.

relles. Il était l'ami de Gautier d'Arguès, poète du temps, dont les manuscrits de Cangé rapportent vingt-sept chansons. Ce dernier était seigneur de Quillebeuf. On n'a, du reste, aucun détail sur sa vie ; on sait seulement qu'il est mort vers 1274.

Richard de Fournival, que Laborde confond avec Richard de Semilly, paraît avoir fait des dons considérables au chapitre de la métropole de Rouen. Les titres de ces donations le qualifient de maître. Ses chansons, en petit nombre, se retrouvent dans les manuscrits des auteurs du XIIIe siècle.

On cite encore Jean et Gilles des Maisons; le premier était bailli de Bayeux, vers 1254, au moment où cette charge fut supprimée. On a conservé seulement deux chansons de lui et une de Gilles.

Pierre de Vies-Maisons, d'une famille noble, en a laissé, au contraire, un fort grand nombre ; la plupart célébraient les croisades, sans préjudice, toutefois, de sujets moins pieux.

Saint Louis, qui passe pour avoir aimé les chants de l'église avec une sorte de passion, dut contribuer, sans doute, aux diverses amé-

liorations que vit naître son règne *. Jusqu'a-
lors, on avait été dans l'usage de moduler les
antiennes suivant leur rang; c'est-à-dire, que la
première était toujours dans le premier mode,
la seconde dans le second, ainsi de suite; de
sorte que, jamais jusqu'alors, on n'avait son-
gé à faire concorder le ton aux paroles. Dans
le XIIᵉ siècle, il y eut un pas de fait vers la
perfection, puisque la joie, l'humilité, la tris-
tesse et le repentir, trouvèrent enfin des accords en analogie avec leur langage ; et la religion, ce véhicule si puissant sur les pas-
sions les plus nobles du cœur humain, dut s'ap-
plaudir de voir ainsi s'accroître ses moyens
d'action sur l'imagination ardente et mobile des
peuples.

Ce fut vers la même époque que l'usage de
chanter à deux voix commença à s'introduire.
Dans quelques manuscrits du XIIIᵉ siècle, on
trouve des morceaux de chant dont la partie
de dessous est du chant grégorien, tandis que
celle de dessus a des accords à la quinte, à
la quarte et à l'octave, et souvent les deux
parties sont simplement à l'unisson. Ce chant
s'appelle communément *in-organò*.

* Voir Lebeuf, p. 44.

Quelquefois, il se trouve que l'écriture de ces manuscrits est du XIe siècle, tandis que la musique paraît avoir été interposée vers le XIIIe. Mais, c'est de cette dernière époque que date cette fameuse règle qu'on va nous permettre de citer, parce qu'à elle se rattache l'invention du déchant, et que bien des auteurs lui attribuent l'origine du contrepoint *. La voici dans toute sa simplicité primitive :

Quisquis veut déchanter, il doit le premier qu'est quant est double, quant est la quinte note, et la witisme, et doit regarder si li chant monte ou avale, se il monte nous devons prendre la double note, se il avale, nous devons prendre la quinte note, etc. (Manuscrit de saint Vigor.)

Tout en nous efforçant de signaler ces efforts de l'art, nous devons observer, néanmoins, que la musique était encore entièrement soumise à la poésie. Bien du temps devait en effet s'écouler avant qu'intéressante par elle-même, elle pût se voir en état de proclamer son in-

* Le terme de contrepoint se retrouve dans plusieurs auteurs antérieurs au XIIIe siècle, seulement il paraît que l'application n'en était pas fixée

dépendance. L'histoire, occupée de tant d'é-
vènements si graves, n'a pu la suivre pas à
pas dans sa marche, et ce n'est, en quelque
sorte, que dans les romans et les fabliaux
qu'on retrouve la trace fugitive de quelque
circonstance, indifférente en elle-même, et
qui pourtant jette du jour sur la question
qui nous occupe. C'est ainsi que dans la *cour
du paradis*, les anges dansent au son de la
musette, tandis que les quatre évangélistes
donnent du cor.

On cite aussi ces vers du fabliau du Sacris-
tain qui nous révèlent une coutume gracieuse :

> Usage y est en Normandie
> Que qui hebergie est qu'il die
> Fable ou chanson à son hôte.

Les cantiques jouirent d'une grande faveur
au XIIIe siècle, mais tous, disons-le, ne brillèrent pas également par leur teinte religieuse.
Il n'en fut pas ainsi du moins de nos Noëls dont
l'origine remonte à l'antiquité saxonne *. Les
uns et les autres se chantaient aux processions
et nous observerons, quoique avec regret, que
les plus profanes n'étaient pas les moins en
vogue.

* Essais sur Caen, par M. De la Rue, t. 1, p. 40.

C'est ici le cas de parler de l'usage que le peuple de Caen a conservé, de parcourir les rues de la ville, la veille de Noël, en chantant :

> Adieu Noël ! Noël s'en va,
> I' r'viendra quand i' pourra !

De même on voit les enfants des campagnes du Bessin traverser les champs, le soir qui précède le jour des Rois, tenant des torches allumées, et répétant une chanson des plus bizarres [*].

M. De la Rue regarde ces deux cérémonies comme un reste des coutumes des Saxons, tandis que d'autres savants veulent y chercher un souvenir des anciens Mythes druidiques. Quoiqu'il en soit de ces différentes opinions, il est de fait qu'en 1793, les représentants du peuple ont vainement tenté de faire cesser ces vieilles coutumes.

D'après ce que nous avons dit plus haut, on a pu se convaincre que si la musique n'avait pas encore atteint en Normandie, au XIIIe siècle, toute la perfection dont elle s'y est montrée susceptible depuis, le goût commençait du

---

[*] Histoire de la Ville de Caen et de ses progrès, par MM. G. Mancel et C. Woinez, p. 41.

moins généralement à s'en répandre : on chantait chez les grands, on chantait parmi le peuple ; et si l'art était encore loin de son apogée, n'était-ce pas le cas de dire avec Burney ? « Heu » reuse la nation, quelqu'imparfaite que soit » sa musique, si elle lui procure des jouis- » sances ! »

Les troubles amenés par la descente des Anglais portèrent malheureusement un coup mortel à l'art ; et le tableau qu'offrit la Normandie pendant toute la durée du IXVᵉ siècle, exigerait une plume bien autrement habile que la nôtre. Époque funeste, en effet, que celle où les rois de France et d'Angleterre se disputaient pied à pied notre malheureuse province, tandis que le captal de Bruch, le roi de Navarre et Charles-le-Mauvais la choisissaient pour y vider leurs querelles !

Un autre spectacle, bien digne de fixer l'attention, c'était celui qu'offrait alors l'Europe silencieuse et recueillie, stérile d'hommes de génie, et comme se préparant à quelque grande catastrophe. La chute de l'empire d'Orient ne devait que trop justifier, plus tard, cette morne inquiétude. Peut-être aussi cette attente et l'inertie qu'elle entraîne n'étaient-elles que l'effet d'une immuable loi de la nature, qui à

de certaines époques voulues , se prépare len-
tement à la régénération qu'elle est sur le point
d'opérer. Telle , du moins , était l'attitude générale , aux deux siècles précurseurs de celui
qui vit naître la renaissance des arts et des
lettres.

Doué d'un immense savoir , passionné surtout pour l'étude , Jean de Mures quitta la Normandie, vers le commencement du XIVᵉ siècle,
chassé qu'il était par les troubles que nous venons de signaler. Il habita long-temps Paris ,
et quelques écrivains lui ont attribué plusieurs
importantes découvertes , telles que le rhyth-
me et même la figure des notes ; mais , d'après
ce qu'en disent Burney et M. De la Rue , Jean
de Mures n'aurait fait que donner des règles positives sur tout ce qui se pratiquait avant lui.

Même en lui contestant ce mérite , il n'en
reste pas moins certain que Jean de Mures a
contribué puissamment aux progrès de l'harmonie , cette partie de la science qui en forme,
en quelque sorte une distincte , et qui a mis
à la portée de tous , ce qui avant elle ne
pouvait être que le partage d'un petit nombre
d'adeptes. La musique nous paraît se graver
naturellement dans le souvenir , mais cette
opération n'a lieu néaumoins qu'au moyen de

l'harmonie, prisme magique auquel tous les arts, quels qu'ils soient, empruntent leur plus doux charme.

On ne saurait trop le répéter : dans la musique il existe deux parties bien séparées : l'une toute de théorie et dont le domaine exclusif appartient à l'artiste ; l'autre qui est le résultat du travail de celui-ci, et qui, se combinant avec les perceptions de ses juges, devient la propriété de tous les êtres doués d'organes sensibles. Or ce fut pour ces derniers surtout que travailla notre normand Jean de Mures.

On ignore également l'époque précise de la mort de ce laborieux compositeur, mais l'opinion générale est qu'il vécut de 1300 à 1370*.

Olivier Basselin naquit en 1360, dans une classe obscure ; il paraîtrait qu'après avoir long-temps couru les mers, Basselin serait revenu se fixer à Vire, sa patrie **. On ne peut se défendre d'un regret en voyant la même obscurité qui enveloppa ses jeunes années nous empêcher de pénétrer les motifs qui durent contribuer à l'entraîner dans sa carrière aven-

* Laborde, t. 3, page 358.
** M. Lambert, conservateur de la bibliothèque de Bayeux, possède un beau manuscrit du XV* siècle, sur vélin, avec des airs notés. Ces airs sont les chansons d'Olivier Basselin.

tureuse. Toutefois on devine assez que son génie ardent, ignorant d'abord sa vocation véritable, a dû le porter à se dérober au cercle étroit où l'avait confiné sa naissance ; mais qu'on aimerait à le suivre dans sa course chanceuse, empruntant au danger journalier de sa vie, cette insouciante gaîté dont ses refrains naïfs devaient devenir plus tard l'expression populaire, et comme l'a dit le législateur du Parnasse :

> Le François né malin créa le vaudeville,
> Agréable, indiscret, qui, conduit par le chant,
> Passe de bouche en bouche et s'accroît en marchant.

Grâces donc soient rendues au père de notre joyeux vaudeville, cette branche la plus nationale de notre littérature ! Grâces lui soient encore rendues d'avoir propagé le goût du refrain, dont la forme captive d'autant plus l'imagination, que c'est du souvenir surtout que ressort sa magie.

Les guerres interminables de cette époque, si fatales aux arts et surtout à la musique, produisirent cependant une classe d'hommes dont l'existence mérite d'être signalée. C'est celle des *Taburéors*, gens fort honorables si on s'en rapporte au témoignage du fablier Rutebœuf. L'instrument dont ils se servaient était un tambour que l'on appelait *tabor* , *tabour* ou tympan * . La gloire des taburéors ne s'est malheureusement pas transmise tout entière à leurs successeurs , et peu de nos tambours de ville ou de régiment se doutent que c'est , sauf quelques modifications , le fameux tympanum des anciens qu'ils manient.

XVe ET XVIe SIÈCLES.

Continuation des troubles causés par l'occupation des Anglais —Époque de la renaissance.

Les arts de pur agrément dont l'utilité ne consiste que dans les plaisirs qu'ils procurent, réclament impérieusement de certaines circonstances pour pouvoir se propager avec avantage ; dans les temps de trouble , il n'arrive que trop souvent qu'on fasse peu de cas des hommes qui les cultivent. La licence , les

* Roquefort, *De l'état de la Poésie* , etc. , p. 417.

haines publiques et particulières , la fureur des partis , sont autant de motifs qui imposent silence à l'homme de génie , ou l'exilent loin de ses foyers. Tel nous avons vu , dans le siècle précédent , ce Jean de Mures , dont les efforts contribuèrent d'une manière si heureuse aux progrès de l'art, et qui se vit contraint de chercher un asile dans une autre contrée ; tels encore ces Grecs qui plus tard errants , fugitifs , hâtèrent l'aurore de la civilisation pour l'Occident, encore engourdi dans les ténèbres de la barbarie.

On ne doit donc pas être surpris en voyant les arts , et la musique surtout , languir dans toute la période amenée par les troubles de l'occupation anglaise. Il nous est d'autant plus permis de le regretter que la conjoncture était du reste favorable : un grand nombre de compositeurs commençaient à s'occuper des parties les plus difficiles de l'art , chaque jour voyait naître de nouvelles découvertes , et les écoles italiennes , allemandes et françaises à peine formées acquéraient déjà une grande importance.

Sans doute si Henri V eût vécu , son goût naturel pour la musique eût été favorable en Normandie , d'autant plus que l'Angleterre possédait alors Dunstable , ce compositeur que plusieurs inventions intéressantes ont rendu célèbre. On rapporte qu'au moment de conférer la terre d'Asnière , près Bayeux , à l'un de ses capitaines , Henri V exigea de lui une redevance annuelle , consistant en flûtes fabriquées dans le pays , ces flûtes se nommaient *recordours* [*].

Enlevé à l'âge de trente-cinq ans , Henri V légua une autorité chancelante à son fils encore en tutelle , de sorte que la malheureuse Normandie se vit déchirée par d'interminables dissentions.

Ce n'est guères que lors de l'établissement de l'université , qu'il commença de nouveau à être fait mention de la musique. A la messe solennelle célébrée à cette occasion dans l'église Saint-Pierre de Caen , on entendit , si on s'en rapporte au témoignage des auteurs du temps , de *merveilleux sons d'orgue qui grandement émerveillèrent les habitants.*

Dans les fêtes de l'université où la musique continua toujours à être un des plaisirs de ces réunions , on vit s'établir des *moralités* ou

[*] Burney , t. 2 , page 405. Recherches sur les Trouvères , t. 1er , p. 233.

farces joyeuses. Déjà sous ses ducs , la Normandie avait eu de ces représentations théâtrales ; mais en 1495 , on vit à Caen , un jour de fête du Saint-Sacrement, «des échafaudages » sur lesquels , dit le Sieur de Bras, se virent » représenter au naturel les histoires du vieil » et du nouveau Testament à la grande édification du peuple. » Une messe en musique paraît avoir terminé cette cérémonie.

On ne voit pas que , durant les années qui suivirent les triomphes de Charles VII, et sous le règne si sombre de Louis XI , la musique ait été cultivée avec un grand succès en Normandie. Néanmoins, lorsque sous Louis XII, le tribunal de l'Echiquier fut converti en parlement, on donna quelques fêtes dont la description est restée , et où la musique reparut avec assez d'éclat. Voici au reste comme s'exprime à ce sujet un poète * du temps :

> Faisons banquets et nous ésiouissons
> Avec luts , rebecs , flûtes, tabours ,
> Harpes , flageols , basses , danses dansons ,
> Hays de Rouen , en salles et en cours
> Les triboris et bransles qui ont cours
> Pour l'Echiquier qui est cour souveraine.

* Auber , qui suivait la profession d'avocat à Bayeux.

Quelque zèle que nous ayons apporté dans nos recherches, nous n'avons pu prévenir une certaine teinte sèche et aride, répandue sur toute la période où nous sommes parvenus, sans chercher hors du domaine des arts, une preuve de l'état d'inertie amené par nos troubles, il suffit de rappeler ces paroles de M. de Caumont, dans son cours d'architecture monumentale [*] : — « Le zèle qui s'était manifes- » té au XIIe et au XIIIe siècles pour la con- » struction des basiliques s'était déjà ralenti » au XIVe. La plupart des cathédrales com- » mencées dans le XIIe ont été continuées du- » rant le XIIIe, et seulement achevées ou ac- » crues dans le XIVe siècle. »

Le règne de François Ier dut sans doute contribuer à ranimer le goût de la musique de même que celui de la poésie, mais malheureu- sement tous les compositeurs qui ont marqué à l'époque de la renaissance, se sont bien plus occupés de recherches érudites, que du soin d'amener l'art au degré de perfection dont il était alors susceptible. Nous ne serions pas éloignés de croire que la chute de l'empire d'Orient, contribua grandement à propager

[*] 4e partie, p. 589.

en Europe , cette manie d'analyse , de recherches minutieuses, et surtout d'argutie qui
domine dans les ouvrages des artistes et des
écrivains du Bas-Empire. Du moins est-ce à
partir de cette époque qu'on vit les musiciens
de nos écoles — « uniquement occupés, »
— selon l'expression de Burney, — « du dé-
« sir d'étonner par leur science , » — oubliant
ainsi de charmer par le mérite d'une exécution
qui n'eût pas manqué de gagner au moyen des
perfectionnements que cette même science
tendait à introduire.

Quelques inventions légères et gracieuses
trouvèrent néanmoins moyen de se glisser alors
dans l'art. Le madrigal , petit poème naïf et
court , dont la musique a été perdue * et la
ballade , non pas tendre , naïve , un peu mé-
lancolique comme la ballade écossaise , mais
spirituelle**, vive et piquante comme nos vaux-
de-vire. On cite un jeune écolier de Caen, nommé Pierre de Lalongue ou Lalogny , d'une famille connue , qui fit en 1514 , une ballade

* *Introduction au dictionnaire historique de la musique*, par
Choron.

** *De la chanson musicale en France au moyen âge* , par M.
Bottée de Toulmon. — *Annuaire Historique* pour 1837 , publié
par la Société de l'Histoire de France.

contre les lansquenets, envoyés en Normandie afin de prévenir une tentative des Anglais. Il faut l'avouer, mais cette ballade ainsi jetée au milieu des troubles religieux et politiques, a quelque chose de profondément triste en soi, car il est certes bien malheureux, le peuple qui croit devoir consigner dans ses annales l'espiègle chanson d'un enfant.

Nous n'insisterons pas sur les troubles qu'entraîna la réforme, nous bornant à déplorer leurs conséquences funestes pour la musique. Ce fut d'abord la dispersion des maîtrises dont l'origine remonte jusqu'au temps de Charlemagne, et qui furent si favorables à l'art à une époque où toute institution véritablement utile ne pouvait se maintenir que protégée par la religion ; puis la destruction des orgues *si belles et si harmonieuses*, comme l'observe un écrivain de l'époque, qui, en rendant compte de ce fait, l'appelle *une chose fort piteuse*.

On a reproché aux calvinistes d'avoir voulu introduire dans le rite, une simplicité qui excluait de la musique non-seulement toute espèce d'ornement, mais encore la mesure et la mélodie. Ils différaient en ceci des luthériens, dont le chef, juge et admirateur passionné de cet art, loin de le dépouiller de son principal charme, y ajoutait encore par des compositions pleines de douceur et d'harmonie. Ce fut aussi à l'occasion de la réforme, que Clément Marot, que nous aurions peut-être quelque droit de réclamer, à cause de son origine normande, versifia environ trente des psaumes que la reine et les dames de la cour, se plurent à chanter, malgré les défenses de la Sorbonne.

C'est au milieu des troubles de la réforme que Guillaume Gosselin s'acquit une assez grande réputation en Normandie. Il était de la même famille que ce Jean Gosselin qui fut bibliothécaire des rois Charles IX et Henri III [*]. Passionné pour l'art, il tenta d'éclaircir diverses questions sur la musique ancienne et moderne. Pour apprécier l'importance d'un travail de ce genre, il ne faut pas perdre de vue les améliorations alors apportées à l'art, et le mouvement scientifique qui venait de lui être donné. C'était le moment où l'école italienne de Durante fixait tous les rapports de la tonalité en ce qui concerne la pratique ; rapports auxquels le goût ou plutôt un aveugle hasard avait servi jusqu'alors de guide. C'était

---

[*] Il le fut également sous Henri IV, et passait pour un grand mathématicien. Voyez *Journal de l'Etoile*, année 1604.

également l'école de Durante qui donnait un principe fixe à cette espèce d'instinct musical, qui porte, quelle que soit d'ailleurs la défectuosité des organes, à exiger impérieusement qu'un morceau de musique se termine toujours par un son voulu, auquel on tenterait en vain d'en substituer un autre.

C'est aussi vers cette même époque qu'on s'occupa du soin de donner à la basse instrumentale, une harmonie différente de la basse vocale, qu'elle avait jusqu'alors fidèlement suivie.

Tels furent les progrès de l'art à l'époque de la renaissance. Sans doute il est à regretter que Guillaume Gosselin, au lieu de se livrer entièrement au soin de les faire goûter à sa patrie, se soit consacré à la recherche d'une théorie qu'on n'était pas encore en mesure de comprendre. Mais il faut ajouter que ce tort, il le partagea avec la plupart des compositeurs du temps, car chez eux, l'analyse n'étouffa que trop souvent le goût. Empressés de se montrer savants, ils semblèrent oublier entièrement que dans les arts, il n'est de science véritable que celle qui émeut l'âme et captive les sens.

Néanmoins, tous les hommes instruits s'empressent de reconnaître les immenses obligations qu'ils ont aux travaux des érudits du XVIᵉ siècle, et recueillent encore les fruits de leurs labeurs, en leur reprochant seulement l'abus qu'ils ont fait de leur science.

Afin de terminer ce que nous avons à dire sur notre laborieux compatriote, Guillaume Gosselin, nous devons ajouter qu'un évènement tragique termina en 1600 son honorable carrière. Parvenu à un âge très-avancé, il périt à Vire, sa patrie, dans l'embrasement de sa bibliothèque *.

C'est sans doute à l'injuste indifférence qui méconnut si long-temps le charme attaché au souvenir du moyen-âge, qu'on doit attribuer l'ignorance où nous sommes sur les noms des musiciens qui durent briller à cette époque où tous les arts semblèrent renaître à la voix de celui qui mérita de la postérité le nom de leur restaurateur. Aussi était-ce eux qu'on chargeait en quelque sorte du soin de le fêter, lorsqu'il venait visiter les villes de son royaume. Qu'on nous permette de citer à ce

* Tout en rapportant cette circonstance d'après les auteurs du temps, nous ne pouvons nous empêcher de croire qu'on a confondu la mort de Guillaume Gosselin avec celle du bibliothécaire Jean Gosselin. Voyez *Journal de l'Étoile*, t. 2, p. 64.

sujet quelques lignes d'une naïve description
de son passage à Caen, extrait de l'ouvrage
du Sieur de Bras : — « Et lors on vit plusieurs
» satyres ayant pieds de biches, cerfs et autres
» animaux, jouant du haut-bois, luts et flûtes
» au son desquels sautaient de belles petites
» filles accoustrées en Drïades, Amadrïades,
» Naïades et autres nymphes, vêtues de damas
» de diverses couleurs, lesquelles dançoyent
» les gaillardes au son des susdits, si plaisam-
» ment qu'il était possible, au quoy ledit sei-
» gneur print grand plaisir. » —

On rapporte aussi qu'après la bataille de
Marignan, François Ier s'étant rendu à Boulogne
pour signer le fameux concordat, y fut suivi
par la *musique de sa chapelle*. Nous croyons
devoir observer en rappelant cette circonstance,
que plus d'un siècle encore devait s'écouler
avant que les premières messes avec accompa-
gnements de violons, de basses et autres instruments, fussent chantées même en Italie *.

On retrouve dans les auteurs du temps quelques traces de ces redevances que nous avions
signalées dans les siècles précédents. C'est ainsi
que le 17 mai 1518, un curé de Notre-Dame

* De Vismes, p. 97.

de Montreuil , au diocèse de Séez , donne aux
pères Carmes de Caen , une maison , à condi-
tion que les novices chanteront tous les jours ,
après les vêpres , les antiennes des cinq *Gaude*.

Une charte , datée de l'année 1594, concède
au seigneur de Courvaudon , ses franchises
dans le bourg d'Evrecy , mais il est tenu de
dire ou faire dire une chanson nouvelle dans
les halles du lieu , et de donner à dîner au
prévôt et à son sergent [*].

Vers la fin du XVIe siècle , il y eut une confrérie *fondée* et érigée en l'église paroissiale de
Saint-Pierre à Caen , sous le titre de confrérie
de Sainte-Cécile. Elle avait ses statuts et ses
réglements. Cette association s'est maintenue
jusqu'au commencement du XVIIIe siècle , où
l'on voit dans l'année 1709 , Maistre Jean de
Fer , curé de Saint-Aignau-de-Cramesnil ,
doyen de Vaucelles , conservateur de présent
en charge. On voit que dès la fondation de
cette confrérie , elle était tenue de faire faire
un service le jour de la Sainte-Cécile , « com-
mençant aux premières vêpres et ensuite à
matines , les heures canonicales , la messe et
secondes vêpres , le tout le plus solennelle-

* L'abbé De la Rue. *Essais Historiques* , t. 1er , p. 292.

ment que faire se pourra, avec la *musique*, s'il y a la fourniture des parties, auquel service seraient tenus d'assister lesdits conservateur, receveur et tous les autres confrères en surplis, tonsure et habit clérical. Et ce, sous peine aux défaillants à savoir, pour vêpres, six deniers, pour complies, de quatre deniers, pour chaque heure canonicale, deux deniers, le tout d'amende s'il n'y a excuse raisonnable[*]. » —« En cas de mort de l'un des confrères, une messe sera célébrée à diacre et à sous-diacre, par ledit conservateur ou autre plus ancien, et icelle messe chantée en musique si faire se peut [*]. »

Les règlements de cette confrérie furent renouvelés à diverses époques, entr'autres dans l'année 1680, par mandement de messire François de Nesmond, évêque de Bayeux ; mais dans les changements jugés nécessaires, on ne retrouve nulle trace d'une attention spéciale pour la musique.

Une ordonnance en date du 18 mai 1509, avait prescrit au sujet d'une procession alors

[*] Règlements de la confrérie fondée et érigée en l'honneur de Sainte-Cécile, etc., imprimés à Caen, chez Vauvrecy. 1709 — p 5. —

[*] Règlements de l'année 1564, article 44, p. 9.

en usage en Normandie, le jour des mages,
— « que les cierges portés par chaque corpo-
ration soient précédés d'aucuns tambourins,
flûtes, musettes, cornets et violons, pour
esiouir la ieunesse, à l'exemple de David, qui
dansait et s'esioussait avec le peuple devant
l'arche du Seigneur au son des instruments de
musique, dont Nicolle, sa femme, se moqua,
mais mal lui en print, car elle demeura stérile. »

Qu'on nous pardonne la longueur de nos
citations, mais elles se rattachent à des études
chéries, et nous semblent comme un souvenir
vivant de cet esprit religieux et profane à la
fois qu'on retrouve empreint dans tous les monuments des arts, à l'époque de la renaissance.

XVIIe SIÈCLE.

De l'état de la musique en Normandie après l'édit de Nantes et
sous les règnes de Louis XIII et de Louis XIV.

Si, dans le siècle précédent, nous avons vu
les guerres civiles et religieuses étouffer le
germe des arts en Normandie, et annuler en

partie pour elle les heureux effets de la renaissance, il va nous être doux de jeter un coup
d'œil sur les pages de son histoire, à l'époque dont nous avons à nous occuper maintenant.

Ce fut dans l'année 1598 que parut le fameux édit de pacification, plus connu sous le
nom d'édit de Nantes*. Des commissaires envoyés dans notre province furent chargés de
terminer les différents, et de rapprocher enfin
les catholiques des calvinistes. Déjà une assem-
blée des notables avait été présidée à Rouen,
par Henri IV, dans le but de ramener la paix,
d'odieux préjugés cédèrent, et pour nous servir de l'expression énergiquement pittoresque
de Guy-Patiu, écrivain de l'époque, — « le
monde fut débété peu à peu. »

Dès lors, la Normandie cessa d'être le théâtre
d'aucun évènement remarquable ; son heureuse position la préserva des calamités qui accompagnent les guerres, et cultivant en paix les
arts, plus qu'aucune autre province, elle donna
naissance à une foule d'hommes célèbres en
tout genre.

* Dubois, *Histoire de la Normandie*, p. 300. — *Journal de
l'Etoile*, t. 1er, p. 81 et suivante.

En faisant remonter cet état de calme à l'édit de pacification, nous avions en vue de nous conformer aux grandes divisions historiques qui forment pour ainsi dire le plan de cet ouvrage; disons-le sans crainte, nous avons trouvé du charme à rattacher ainsi l'état de la musique moderne en Normandie au nom de ce monarque célébré par un de nos airs les plus nationaux, et que l'art a consacré sous le titre du chantre de Gabrielle *.

Mais si, considéré sous ce point de vue, le XVIIᵉ siècle forme une ère remarquable pour nous, il date également dans l'histoire générale de la musique par l'espèce de rénovation qu'il vit naître.

Vers la fin du XVIᵉ siècle, Palestrina s'était vu proclamé le chef de l'école d'Italie, et, par la majestueuse harmonie de ses compositions, méritait d'imposer son nom au style de ses ouvrages**; dès-lors on distingua quatre espèces bien distinctes dans le genre d'église :

---

* « On dit que la chanson *Charmante Gabrielle*, a été composée, paroles et musique, par ce roi (Henri IV). Je ne sais si c'est une illusion, mais j'y crois reconnaître l'ame sensible de ce prince. »— Grétry. *Essais sur la Musique*, t. 1ᵉʳ, p. 98.

** Mme Bawr, *Histoire de la Musique*, p. 121.

l'espèce *a capella*, le style accompagné, le style concerté et enfin l'oratorio.

C'est dans le genre *a capella* que Palestrina devint si célèbre. Ce genre est écrit ordinairement sur les tons du plain-chant, pour les voix, sans accompagnement, et dans la mesure à deux temps.

Le style accompagné est celui dans lequel l'orgue ou tout au plus quelques instruments accompagnent les voix ; le style concerté, celui qui emploie tous les instruments, tant aigus que graves. Ces quelques mots d'explications nous ont paru indispensables pour faire comprendre les progrès que fit alors la musique d'église, et en nous reportant à ce que nous avons dit plus haut sur la cessation des troubles religieux, on comprendra de quelle importance dut être pour la Normandie le rétablissement des maîtrises dans les cathédrales, ces institutions d'autant plus favorables à l'art qu'elles le mettaient de nouveau sous la protection de la religion, précisément à une époque où celle-ci reprenait son utile influence sur l'esprit des masses.

Le rétablissement des maîtrises doit donc dater d'autant plus dans l'histoire de la musique en Normandie que dans aucune de nos provinces ces sortes d'institutions n'acquirent un plus grand accroissement. Celles de Rouen, de Lisieux, de Saint-Pierre de Caen, ont joui d'une juste renommée ; c'est à elles que Broche, Levasseur et tant d'autres ont dû leur réputation. Les rapports que les maisons religieuses conservaient avec les classes inférieures, les mettaient continuellement à même d'étudier les dispositions des enfants que leur indigence rendait naturellement étrangers à la culture des arts, et lorsque l'un d'eux promettait de devenir un jour un sujet remarquable, rien n'était épargué pour se l'attacher. Donc le germe d'aucun talent ne devait échapper à l'active sollicitude du clergé, et si nous croyons devoir insister sur cette circonstance, c'est parce qu'elle nous semble avoir dû contribuer plus que tout autre à donner un caractère eminemment religieux à l'art, en Normandie, jusqu'au moment où la révolution de 93 amena de nouveau la dispersion des maîtrises.

Ce caractère imprimé à l'art se retrouve jusque dans les fondations de prix qui paraissent avoir été fort en vogue à cette époque. L'abbé de Saint-Martin, cet homme qui acquit par

ses bizarreries* une si grande renommée, avait
fondé à Caen un prix pour le meilleur motet
en l'honneur de sainte Cécile **. Ce prix était
un flambeau d'argent. Les fonds ayant manqué
après la mort de l'abbé de Saint-Martin***, cette
fondation n'eut pas la suite qu'elle eût pu avoir.
— « C'est lui, » dit M. Porée ****, secrétaire de
l'Académie de Caen, dans son Épître aux habitants de cette ville, « c'est lui qui, le pre-
» mier, vous donna l'idée de ces concerts qui
» divertissent les personnes de distinction. » —
L'abbé de Saint-Martin fonda également, au pa-
linod, une ode latine, en l'honneur de la Vierge.
Ce qui fait dire à un poète du temps *****:

> Par une pieuse action,
> Honorant la royne des Anges,

* Voyez une lettre de Segrais, premier échevin de Caen (1636).
Le manuscrit original de cette lettre se trouve inscrit au catalogue
des livres de M. Pluquet.

** Les documents les plus complets sur cette fondation sont
entre les mains de M. Julien Travers de Falaise.

*** Il y eut depuis 1676 quatre prix remportés. Le premier par
un maître de musique du chapitre de Saint-Julien du Mans. Le
second par un sieur Loiseau, organiste du chapitre de Saint-
Martin de Tours. L'année suivante (1679), le premier prix fut
remporté par un maître de musique de Saint-Malo, et le second
par le sieur Cousin, maître de musique de l'église collégiale de
Mortain.

**** Frère du célèbre père Porée.

***** Ode à M. de Saint-Martin par le sieur Amy

Tu fais publier les louanges
De la sainte Conception ,
Et dans la fête de Cécile ,
Pour plaire aux esprits curieux
Tu fais retentir notre ville
De mille accords mélodieux.

La dévotion de l'abbé de Saint-Martin paraît s'être portée surtout vers la patronne de la musique. *Il fit lever*, disent les auteurs du temps, *l'image en bosse de sainte Cécile en la place Saint-Pierre, à Caen, en compagnie de celle de Notre-Seigneur* *.

Ce fut même à l'occasion de ces statues, que

---

* Notes ajoutées à l'ode du sieur Amy , *sur une partie des monuments que l'abbé de Saint-Martin a fait élever à Caen , sur ses fondations*, etc.

Lettre du motet pour le prix de la fête de Sainte-Cécile de Caen , en l'an 1676. — « L'an passé , 15 habiles maîtres avaient composé pour ce prix , qui est un flambeau d'argent ; il fut remporté par M. Loiseau , organiste du célèbre chapitre de Tours , et le second par M. Philippe , maître de la musique du vénérable chapitre de Bayeux, qui eut la bonté de s'assembler et de faire chanter le motet de ce maître , tous les honnêtes gens de la ville appelés.

« L'année précédente , M. Bourgot , maître de la musique du fameux chapitre de Beauvais, ayant remporté le premier prix à Caen , son motet fut chanté en la présence du même chapitre et de tous les honnêtes gens de la ville , le flambeau d'argent exposé sur une table afin de donner courage à leur maître de s'avancer en cet art admirable. Le jugement du prix est différé jusqu'au dernier jour de décembre. — A Caen , ce 24 novembre 1676. »

l'abbé de Saint-Martin obtint un arrêt du parlement, adressé au bailli de Caen, afin de régler la dépense de la présidence, quelques membres de la confrérie ayant refusé de s'entendre à cet égard.

La religion réformée de son côté, elle dont nous avions, au siècle précédent, signalé la monotone mélodie, parut sentir alors la nécessité d'apporter quelque amélioration à cette partie du culte. Lorsqu'il fut question d'accorder un temple aux calvinistes de Caen, l'autorité crut devoir les reléguer dans un faubourg éloigné de la ville, et l'on donna pour motif de cette mesure *l'attrait que le chant des Psaumes paraissait avoir pour le peuple*. Néanmoins, nous devons le répéter, la religion calviniste ne fut jamais aussi favorable à la musique que la religion luthérienne qui, sous ce rapport, ne le céda en rien aux catholiques. Ayant reçu de l'Italie le chant grégorien, elle s'exerça également au contrepoint sur le plain-chant. C'est dans le style accompagné et le style concerté surtout qu'elle a produit des chefs-d'œuvre, et il suffit de nommer Haendel, qui parut en Allemagne vers la fin du XVIIᵉ siècle, pour rappeler le haut degré de perfection que peut atteindre la musique religieuse.

Parmi les compositeurs normands de cette époque, nous citerons d'abord, par droit d'ancienneté, Nicolas Levasseur, né à Bernay, qui fut long-temps organiste de la cathédrale de Lisieux. C'est lui qui paraît avoir le premier introduit l'usage des canons en Normandie, car les airs en vogue jusqu'alors, tels que les bransles, courantes et les trihoris, étaient pour la plupart des airs de danse. Quant à la cantate, on sait que les plus anciennes sont celles de Bernier et de Clérambault, qui tous les deux naquirent seulement vers la fin du XVIIe siècle*.

La réputation de Levasseur s'étendant de plus en plus, il se vit appelé à exercer les fonctions d'organiste à l'église Saint-Pierre de Caen. Ce fut probablement alors qu'il mit en musique un des cantiques de David, et celui des trois enfants dans la fournaise.

Nous n'avons aucun détail sur la vie de Levasseur, nous savons seulement qu'il est mort en 1658, âgé de 65 ans.

Vers cette époque à peu près, paraissait une méthode sur le plain-chant, composée par François Deslondes de Lisieux. Il nous a été impossible de nous procurer cet ouvrage, mais

* Mme de Bawr, *Histoire de la Musique*, p. 167.

le plain-chant ayant été le premier adopté dans la musique moderne, il devait naturellement fixer l'attention à une époque où les règles de l'art prennaient une sorte de consistance, car si de temps à autres quelques maîtres attachés aux vieilles méthodes, s'élevaient contre les innovations, on commençait à ne plus regarder les tons de l'église que comme une formule pour enchaîner les tons modernes.

Etienne Saché, qui vivait à Lisieux en 1676, publia un traité sur tous les tons en usage dans l'église romaine *. Le système de tonalité ** qui dérivait des Grecs, venait d'être abandonné. On ne reconnaissait plus que deux modes, le mode mineur et le mode majeur ; mais comme chacun des tons composant le système moderne pouvait devenir le fondement d'un ton, c'est-à-dire en être la tonique, il en résulta douze tons ; le mode majeur et le mode mineur étant applicables à chaque ton, la musique ecclésiastique fut susceptible de vingt-quatre modulations auxquelles elle est restée invariablement fixée.

* Laborde, t. 3, p. 681. — Voyez aussi le *Dictionnaire historique des musiciens*, par Choron, t. 2, p. 252.
** Winkelmann. — *Histoire de l'art chez les anciens*, t. 3, p. 44.

Un changement était aussi introduit dans la manière d'écrire la musique. Les notes prenaient la forme ronde. Jusqu'alors la tête avait été en forme de lozange. On commençait aussi à poser des barres, mais seulement de huit en huit, de quatre en quatre mesures, afin de renfermer dans une même case toutes les notes de la partition qui répondait à une même note de très-grande valeur. Aussi les meilleurs musiciens sont-ils embarassés lorsqu'il s'agit de lire la musique antérieure au XVIIe siècle, faute de barres pour marquer la mesure.

Ces différents progrès devaient naturellement porter les esprits éclairés vers la partie scientifique de l'art. C'est ainsi que Samuel Bochart, né en 1599, occupé des travaux les plus sérieux, crut devoir leur dérober quelques moments pour composer un traité sur la musique. Cet ouvrage écrit en latin est connu seulement de quelques savants; mais, en rappelant son existence, nous avons cédé au désir de rattacher à notre travail le nom d'un homme dont la profonde érudition honore toutes les sciences qui devinrent l'objet de ses études [*].

Il y eut aussi, vers cette époque, un com-

---

[*] *Biographie universelle*, tome IV, page 627.

positeur nommé Lesueur, né à Rouen *, et qui paraît avoir joui d'une assez grande réputation. Il était maître de chapelle. On cite de lui une messe et une symphonie lugubre que les religieux de Saint-Dominique exécutèrent à Rouen, le jour des morts de l'année 1683. Ses compositions, bien qu'elles ne soient plus goûtées aujourd'hui, sont loin d'être sans mérite **.

Si, jusqu'à présent, nous avons paru nous occuper exclusivement de la musique religieuse en parlant du rang que cet art occupa dans les fastes de l'histoire au XVII⁰ siècle, nous ne sentons pas moins que le lecteur nous a peut-être accusé de laisser une lacune, en négligeant de parler de la musique dramatique, à une époque où l'opéra commençait à s'établir en France.

On sait que, dès le XII⁰ siècle, les Normands avaient marqué un grand penchant pour les représentations théâtrales. Raoul Tortaire, parle des spectacles donnés par le duc Henri Ier aux habitants de Caen. Dans les siècles suivants, les mystères jouirent d'une grande vogue; mais, le XVI⁰ siècle surtout, fut

* Laborde, tome 3, page 485.
** Mme de Bawr, *Histoire de la musique*, page 115.

leur époque la plus brillante. Eloi, principal du collège du Mont, venait de composer
sa pièce de l'*Hérésie*. Ce qui caractérise surtout
les mœurs du temps, c'est que l'auteur et ses
écoliers, montés sur des charrettes, furent
jouer des farces dans les carrefours de la ville,
invitant ainsi le public à se rendre à la repré-
sentation du mystère qui devait être représenté
le soir au collège du Mont. La rue aux Namps
fut long-temps célèbre à Caen par des spectacles de ce genre. Elevée à l'une de ses extrémi-
mités, et ayant alors des porches de chaque
côté, elle devait être, en effet, fort convenable
pour prendre ce que nos bons aïeux appelaient leurs ébats.

« Ce fut le célèbre docteur Jacques de Ca-
» bagnes, dit M. de la Rue *, qui le premier
» introduisit chez nous les pièces régulières. Il
» traduisit, pour cet effet, l'*Avare de Plaute*
» en 1570; et en 1580, une tragédie de *Joseph*,
» dont je ne connais pas l'auteur. La dernière
» pièce fut jouée à Caen en 1584, par les jeu-
» nes gens les plus marquants de la ville. »

L'établissement de l'opéra en France est dû,
comme on le sait, à des Italiens. Jusqu'alors,

---

* *Essais historiques sur la ville de Caen*, tome 1er, page 262.

on ne connaissait que des ballets. Baïf, secrétaire de Charles IX , poète et musicien , ayant vu représenter des opéra à Venise , avait vainement tenté d'établir ce spectacle en France. Les guerres civiles s'opposèrent au succès de son entreprise ; et en 1645 seulement , le cardinal Mazarin fit représenter le premier opéra par une troupe italienne.

La sensation produite par ce spectacle fit naître l'idée de composer des opéra français. Les premières tentatives de ce genre paraissent avoir été heureuses ; mais la mort du cardinal Mazarin étant venue enlever aux arts une protection utile , l'établissement d'un opéra français sembla retardé indéfiniment.

En effet , ce ne fut qu'en 1669 qu'on obtint des lettres-patentes portant *permission d'établir des académies de musique pour chanter en public les pièces de théâtre;* mais la discorde s'étant mise entre les protecteurs de l'établissement, le privilége fut retiré pour être donné à Lully.

Employé pour composer la musique des ballets de la cour dans lesquels Louis XIV , jeune encore , se faisait un plaisir de danser , Lully fut nommé surintendant de la musique du roi. On le regarde avec raison comme le créateur de la musique dramatique en France.

En traçant ici un aperçu rapide des difficultés que cette partie de l'art rencontra pour s'établir, nous avions pour but de rappeler qu'elle dut naturellement rester, durant ce siècle, étrangère aux provinces. Heureux encore de pouvoir citer le nom d'une cantatrice célèbre !

Née à Caen, en 1650, d'une bonne famille, Mlle Le Rochois, orpheline à peine sortie de l'enfance, trouva une ressource contre l'infortune en consentant à chanter à Paris dans des concerts particuliers. Encouragée par le succès qu'elle obtint, elle céda aux instances de Lully, qui, frappé de l'étendue de son organe, la détermina, malgré sa répugnance, à entrer à l'opéra, où bientôt la fixèrent ses triomphes. Peu favorisée de la nature sous le rapport de l'extérieur, ayant déjà passé la première jeunesse, elle effaça néanmoins les plus belles cantatrices, par la dignité de son jeu, le charme de sa voix, et la magie d'expression qui l'identifiait avec ses rôles. Le poète Chapelle fut un de ses plus constants admirateurs, et la célébra dans ses vers. Elle mourut à Paris, à un âge fort avancé, laissant une mémoire chère à tous les artistes.

La plupart des auteurs qui ont écrit sur la

musique, observent avec raison que, malgré la faveur dont cet art a joui en France au XVIIe siècle, aucune composition instrumentale, et aucun artiste remarquable n'ont illustré notre école avant la fin du XVIIIe *, et la supériorité des vingt-quatre petits violons de Louis XIV paraît aujourd'hui fort douteuse. Du reste, le luth, qu'on a délaissé depuis pour la guitare, semble avoir été l'instrument le plus en vogue alors ; pourtant, nous serions assez porté à croire que la harpe continuait encore à être cultivée, et nous en citerions pour preuve la manie du sieur des Yveteaux, ce gentilhomme normand si célèbre par son originalité, et qui, habillé en berger, se faisait faire de la musique par une belle et habile joueuse de harpe, dont les accords adoucirent même ses derniers moments, circonstance que Huet, le célèbre évêque d'Avranches, crut devoir justifier.

La chanson paraît avoir joui d'une grande faveur en France vers cette époque. Il en est une qui courut alors toute l'Europe, et qui, après avoir servi de thème aux plus graves compositions, est encore aujourd'hui l'objet

---

* Burney, *A General History of music*, tome 2, page 607.

des discussions les plus savantes. C'est celle de l'*Homme armé*, dans laquelle quelques antiquaires ont voulu reconnaître le chant favori de Rollon, le chef normand, ou celui de Roland, le paladin de Charlemagne ; tandis qu'un auteur contemporain (M. Botté de Toulmon), la regarde seulement comme une chanson populaire , dont les paroles présentent à peu près le même sens que celles d'un air qui a couru les rues il y a quelques années : *Grenadier, que tu m'affliges*, etc. Singulière destinée d'une chanson d'amour qui, après avoir exercé le génie des compositeurs de musique religieuse du XVIIe siècle, sert aujourd'hui de texte aux dissertations de nos savants.

Nous devons citer deux chansons comme ayant été composées par des Normands du XVIIe siècle : l'une sur la prise d'Avranches, de Jean Vitel ; et l'autre faite par un habitant d'Alençon, nommé Choine ; cette dernière était , à ce qu'il paraît, une longue satire contre un jésuite de cette ville. La musique de ces deux compositions a été perdue. Tout porte à croire qu'elles s'adaptaient à des airs en vogue alors.

Un autre genre de pièce fugitive, que nous devons mentionner aussi, c'est celui que l'on

désignait sous le titre de *Chansons ingénieu-
ses*, sorte de madrigal dont la composition
offrit de grands succès à Segrais, auquel on
a dû les paroles d'un opéra. — Nous citerons
également Fontenelle, comme ayant composé
les opéra de Psyché, Bellerophon, Tetis et
Pelée, représentés à l'académie royale de musique.

Au nombre des Normands distingués qui
contribuèrent à mettre la musique en honneur
au XVIIe siècle, il serait injuste d'oublier Jean
Le Cerf de la Vieuville de Freneuse, né à
Rouen, qui prit une part si active dans la lutte
acharnée qui s'établissait dès-lors entre les sectateurs de l'école italienne et les partisans de
la musique française. Cet écrivain, qui a laissé
divers ouvrages peu lus aujourd'hui sur cette
question de prééminence, est mort à Rouen en
1707, à l'âge de 30 ans.

Le côté défectueux de la musique au XVIIe
siècle, fut la monotonie et une sorte de len-
teur désagréable surtout dans la musique vocale. Livrée à sa propre impulsion, la France
se fût sans doute rendue remarquable par un
genre de mélodie qui lui était propre, et qui
charmait surtout par sa franchise et sa naïveté;
caractère qui donne quelque chose de réelle-

ment original à nos vieilles chansons populaires ; mais, dédaignant le mérite qu'on pouvait atteindre, on semblait se jeter de préférence dans cette manie du faux et de l'affecté, dont Boucher donna depuis le mauvais exemple en peinture.

Tel fut à peu près l'éclat de notre musique au XVIIe siècle, assez bornée sous le règne de Henri IV, à moins qu'on ne veuille s'en rapporter aux récits louangeurs des auteurs du temps, *qui vantent la très-bonne et très-excellente musique de voix, d'orgues, luths et violes* [*] ; d'autres fois encore, dans les descriptions des fêtes, on voit *de grands eschaffauts pour la musique ;* souvent aussi, il est fait mention de couplets satiriques, que *grands et petits chantaient à l'envi l'un de l'autre* ; mais, à l'exception de quelques souvenirs de ce genre, le règne de Henri IV, si glorieux d'ailleurs, ne présente rien qui soit demeuré comme preuve positive de l'état de la musique à cette époque.

Louis XIII l'aima, il est vrai, mais seulement comme une distraction à sa mélancolie ;

---

[*] *Journal du règne de Henri IV*, tome 1er, page 208, année 1602.

et le despote Richelieu ne la considéra jamais comme digne d'être encouragée.

Louis XIV, qui était lui-même musicien, et qui répandit tant d'éclat sur nos arts et notre littérature, ne parut jamais s'attacher à répandre ce goût dans les provinces.

Pourtant, il est une gloire que la Normandie doit revendiquer au XVIIe siècle, c'est celle d'avoir contribué, plus qu'aucune autre contrée à conserver à l'art son caractère religieux. En effet, si on veut se rappeler que jusqu'à l'époque de la révolution, les seules écoles régulières d'enseignement se trouvaient dans les maîtrises des cathédrales[*], qu'une foule d'enfants, répartis dans les villes, étaient logés, vêtus et nourris aux frais des chapitres, et recevaient ainsi une éducation musicale rendue par ce moyen tout-à-fait populaire, on conviendra que, sous ce rapport, nulle province en France n'a pu l'emporter sur la Normandie, elle que la majesté sublime de ses nombreux édifices religieux devait rendre si féconde en inspirations.

[*] Lettre pastorale de M. l'évêque de Bayeux, touchant les petites écoles, avec la méthode pour apprendre à lire, écrire, faire le catéchisme et chanter. À Caen, chez Marin Yvon, rue Notre-Dame, 1690.

XVIIIe ET XIXe SIÈCLES.

Progrès de la musique au XVIIIe siècle. — Musiciens normands célèbres à cette époque. — Coup d'œil jeté sur l'état de la musique en Normandie au XIXe siècle.

Après Lully, un grand nombre de compositeurs français s'étaient attachés à suivre la route qu'il avait tracée ; mais loin de rappeler son génie, leurs compositions dramatiques menaçaient de ramener la musique à l'état de barbarie, lorsque parut Rameau.

Il est à remarquer que les arts ont leurs révolutions comme les empires ; mais il existe cette différence que pour les uns, il faut un certain nombre de circonstances réunies, tandis que pour les autres il suffit peut-être du génie d'un seul individu. Cette observation est applicable surtout à Rameau, qui, en révélant les secrets de l'art et en démontrant les principes de l'harmonie, a porté la musique à un degré de perfection dont on l'avait jusqu'alors à peine crue susceptible en France.

Ce fut en 1735 que parut le premier opéra

de Rameau. La lutte la plus violente s'éleva dès-lors entre ses partisans et les sectateurs de Lully ; les querelles se prolongèrent même jusqu'en 1774, époque où Gluck nous arrivait avec son Iphigénie.

A l'approche d'un ennemi commun, les sectateurs de Lully et ceux de Rameau se réunirent ; mais l'admiration du public eut bientôt fait justice de ces cabales, et Gluck allait régner sans partage, lorsque l'auteur de Roland, Piccini, vint à son tour envahir la scène : delà de nouveaux débats, car il semblait écrit qu'un caractère perpétuel d'hostilité devait marquer chacun des progrès d'un art, dont le but est d'augmenter le charme des relations sociales.

Cette époque fut brillante autant qu'animée ; aussi nous paraît-il curieux de rapprocher ici l'opinion du célèbre père André, professeur des mathématiques à Caen, qui s'exprimait ainsi dans un de ses discours adressés à l'académie des belles-lettres de cette ville : « ... Le » grand Lully nous a plus donné dans ses ad-» mirables compositions, où, en suivant pas » à pas le génie de la nature, il a exécuté ce » que les autres n'avaient fait qu'imaginer..... » Nous ne parlerons pas d'un autre musicien » (Gluck) qui semble partager tout Paris ; nous

» laissons mûrir sa réputation, d'autant plus
» que les principes qui lui sont propres ne
» sont pas assez bien établis pour la mettre
» hors d'atteinte des révolutions de la for-
» tune*. »

Voici ce que le père André dit plus loin sur
ces querelles si violentes qui agitaient alors
tous les esprits.

« La question n'est pas fort importante, ni
» même très-raisonnable. Nous n'avons plus
» les pièces musicales des anciens où appa-
» remment le génie et le goût répandaient des
» grâces que les livres ne sauraient exprimer.
» La dispute qui s'élève depuis quelque temps
» sur la préséance entre la musique française
» et la musique italienne, peut avoir plus de
» fondement et d'utilité ; mais je ne sais si elle
» fait plus d'honneur au goût. Il y a soixante
» ans que la musique française, qui se con-
» tente dans ses compositions de parer modes-
» tement la nature, l'emportait sans contra-
» diction sur tout le brillant de la musique ita-
» lienne. Lully, quoique italien de génie et
» de naissance, mais français de goût et d'é-
» ducation, l'avait rendue partout victorieu-

____

* *Essai sur le Beau*, p. 152.

« se…. mais, depuis quelques années, Lully
» commence à devenir ancien, etc*. »

Nous nous arrêterons dans ce rapproche-
ment, et nous supprimerons même ce que
nous pourrions ajouter sur l'état général de
l'art à cette époque. La musique sera toujours
soumise à la mode. Un artiste de génie, dont
le caractère particulier s'écartera de la route
commune, une cantatrice douée d'un talent
remarquable, suffisent pour opérer une révolution musicale. A nous il appartenait seulement de les signaler ; et, nous conformant au
programme de la Société Philharmonique du
Calvados, nous allons nous borner à tracer
une esquisse rapide de la vie des musiciens
et compositeurs qui se sont distingués en Normandie au XVIIIe siècle.

Dans l'année 1700, Jean Boivin, organiste de
la cathédrale de Rouen, fit paraitre un traité
abrégé de l'accompagnement. Laborde, auquel
nous empruntons ce renseignement, ne lui ac-
corde que cette seule ligne.

Vers cette même époque, un directeur de
la musique de la cathédrale de Rouen, nommé Lami, composait un ouvrage dans lequel

---

* *Essai sur le Beau*, p. 153 et suivantes.

il renouvelait la vieille querelle du chant grégorien. Son but était de prouver qu'il y allait de l'honneur de la Normandie de conserver intactes les anciennes mélodies de la Gaule. Quoiqu'il en soit de cette opinion toute patriotique, Lami a composé plusieurs motets à une, deux ou trois voix ; on lui a dû également un cantique à deux chœurs, d'un bel effet, exécuté à Rouen un jour de fête solennelle. On n'a, du reste, aucun détail sur la vie de ce compositeur, et l'époque de sa mort est ignorée.

Guil.-Anth. Lemonnier, naquit en 1721, à Saint-Sauveur-le-Vicomte *, d'une famille peu fortunée. Ce fut au collége de Coutances qu'il fit ses premières études. Encouragé par les suffrages de ses professeurs, il vint à Paris, et dès-lors se décéla son goût passionné pour la musique. On le nomma, en 1743, chapelain de la sainte chapelle ; il cultivait et enseignait en même temps la littérature et la musique. Plus tard, il revint en Normandie où il fut nommé au prieuré de Damartin. Incarcéré pendant la révolution, il n'obtint sa liberté que le 9 thermidor. Son compatriote Letour-

____

* *Biographie universelle*, t. 24, p. 66.

neur, membre du directoire, le fit nommer bibliothécaire au Panthéon, où il succéda au père Pingré; il fut l'ami intime de Grétry. Cet artiste célèbre en parle dans ses mémoires*. « Pour suivre, dit-il, l'exemple de cet homme, » aussi connu par sa bienfaisance que par ses » œuvres de littérature, je m'étais en quelque » sorte associé à lui, lorsqu'il visitait les ca- » banes des pauvres, ce qu'il faisait réguliè- » rement deux fois par semaine. » Exemple touchant du génie s'unissant au talent dans l'exercice des vertus les plus modestes.

Lemonnier a compté parmi ses amis, Diderot, Raynal, Greuse, Élie de Beaumont, et Mᵉˡˡᵉ Arnoult. Il est auteur d'une pièce qui eut dans le temps un très-grand succès; c'est celle des *Prétendus* ** ; il se distingua également dans un genre où il est devenu presque impossible de réussir après Lafontaine. On le cite comme un de nos bons fabulistes.

Lemonnier est mort le 4 avril 1797, universellement regretté.

Don Bedos ***, bénédictin de Saint-Maur,

* T. 2, p. 489.
** Mᵐᵉ de Bawr, *Histoire de la Musique*, p. 245.
*** *Biographie universelle*, tome 4, page 47.

religieux à l'abbaye de Saint-Étienne-de-Caen, publia, vers l'année 1779, l'art du facteur d'Orgues. Don Bedos était correspondant de l'académie des sciences, et passait pour un savant mathématicien de l'époque. Il a écrit un traité sur la gnomonique, qui est encore estimé. Il s'occupa aussi beaucoup de la construction des orgues, conjointement avec un autre religieux nommé Monniote. On leur attribue, sans preuves bien certaines, la construction de l'orgue de Saint-Germain-des-Prés à Paris, actuellement à Saint-Eustache, et l'orgue de Saint-Étienne-de-Caen, qui passe pour un des plus complets des églises de France *.

Baillière, né à Rouen en 1730, a marqué parmi les écrivains qui, dans le XVIIIe siècle, dirigèrent de préférence leurs études vers la musique. Sa réputation de savoir lui avait déjà valu les relations les plus flatteuses avec J.-J. Rousseau, d'Alembert, Fontenelle, et la plupart des nombreuses célébrités du temps. Parmi les différents ouvrages que Baillière a

---

* Nous ne croyons pas nous éloigner du but d'utilité de cet essai, en faisant observer que cet instrument se détériore, faute de réparations urgentes.

Il y eut, en 1759, pour 800 liv. de raccommodage fait à l'orgue de Saint-Étienne, qui avait *chômé* plus de vingt ans. Le buffet coûta, en outre, pour raccommodage et peinture, plus de 200 liv.

publiés sur la musique, on cite sa théorie basée
sur l'harmonie et diverses lettres. Burney paraît
blâmer sa théorie *, dont l'échelle est fondée
sur les tons du cor. Cet écrivain, membre de
l'académie de Caen, est mort dans cette ville
en 1801, âgé de 71 ans.

Ce fut également à Rouen, que naquit, vers
1756, Pierre-Augustin Chapelle; fort jeune
encore, il vint à Paris et fit entendre au concert spirituel des concerto de violon de sa
composition. Accueilli avec bienveillance, il
fit jouer un nombre considérable d'opéra, et
traversa les orages de la révolution toujours
composant ou jouant dans les orchestres des
théâtres. Son caractère était facile et gai. Il a
fait graver des sonates, des duo et concerto
pour le violon; mais, de tous ses ouvrages,
celui qui l'emporta dans l'opinion du public,
c'est son gracieux opéra de la *Vieillesse d'An-
nette et Lubin*.

Nous ne croyons pas devoir omettre Fouques
Desfontaines, né à Caen, vers 1746, auteur
de plusieurs vaudevilles et d'un grand nombre
de chansons fort jolies. Plutôt poëte que mu-

* Burney, tome 4, page 627 — Laborde, tome 3, page
572.

sicien, Desfontaines marque pourtant dans l'histoire de l'art par ses relations avec Daleyrac. Nous mentionnerons aussi François Corbelin, né à Bernay en 1744, auteur d'une méthode de musique, et Nicolas Flamecy, né à Rouen en 1745, que Laborde * cite comme auteur d'un opéra représenté plus de deux cents fois sous le titre de *La Colonie ;* mais, ces divers talents n'ayant pas fixé l'attention des biographes, nous manquons entièrement de détails sur eux.

Il n'en est pas ainsi de Broche, né à Rouen en 1752. Son père était un simple ouvrier employé dans une des églises de cette ville ; un organiste de la cathédrale, frappé des dispositions heureuses de l'enfant, s'intéressa vivement à lui, et, dès-lors, lui témoigna une sollicitude qui ne s'est jamais démentie.

Parvenu à l'âge de 20 ans, Broche, de l'avis de cet homme bienfaisant qu'on appelait Desmazures, partit pour Paris, et de là se rendit à Lyon où il professa quelque temps ; mais, bientôt entraîné par une impulsion dont il était à peine maître, il fut saluer l'Italie, cette éternelle patrie des arts. Viotti, qui avait ap-

* Tome 4, page 133.

précié son mérite , lui donna des lettres de re-
commandation pour les plus habiles artistes.
Accueilli par eux d'une manière pleine de distinction , Broche se livra au travail avec une
ardeur que sa passion pour son art pouvait
seule rendre concevable. Martini , l'auteur de
la *Storia della musica* , etc., ne se sépara de
lui qu'après lui avoir prodigué les témoignages
de la plus affectueuse bienveillance. On a conservé quelques lettres de Broche , écrites durant son séjour en Italie, où il retrace avec force tout le charme attaché à la culture des arts.

Revenu en France , et attiré à Rouen par
l'amour du pays natal , Broche y retrouva son
vieux maître Desmazures , qui se démit en sa
faveur de sa place d'organiste de la cathédrale;
mais bientôt appelé à Paris par les hommes du
plus grand talent , notre artiste jouit au milieu
d'eux d'un véritable triomphe : le duc de
Bouillon, l'archevêque de Malines le comblè-
rent des marques d'une haute faveur; mais
dans toutes les situations de sa vie, on put admi-
rer la noble indépendance de son caractère.

Broche est mort en 1804 , emportant d'uni-
versels regrets*, chéri , respecté de ses nom-

* Voir la Notice de M. Guilbert , publiée à Rouen , en 1804 ,
par la Société libre d'émulation

breux élèves. C'est de lui que Couperin a dit qu'il écrivait des doigts sur le clavier.

Alexandre Choron naquit en 1771 à Caen, où son père était intendant des Fermes. Contrarié dans ses goûts, il entreprit seul l'étude de la musique, et quoique privé de tout secours dans ce genre, il parvint à noter tous les airs qu'il pouvait retenir ou imaginer. Cette étonnante faculté se trouvait unie chez lui à une grande facilité pour tout ce qu'il tentait d'apprendre. Ayant lu d'Alembert, Rousseau et quelques écrivains de la secte de Rameau, il se mit à composer et montra ses premiers essais à Grétry.

Celui-ci, frappé du talent qu'il annonçait, l'engagea à faire quelques études suivies, et lui indiqua l'abbé Roze, avec lequel le jeune Choron travailla quelque temps. C'est, dit-on, afin de mieux comprendre les calculs de d'Alembert, qu'il s'appliqua à l'étude des mathématiques. Bientôt il devint d'une telle force, que le célèbre Monge l'adopta pour élève : c'est sous ce titre qu'il fit les fonctions de répétiteur pour la géométrie descriptive à l'école normale, et qu'il fut ensuite nommé chef de brigade à l'école polytechnique lors de sa fondation.

« La musique, a dit Grétry[*], doit surtout
» contribuer à nous faire aimer la religion
» et les cérémonies religieuses. » Frappé de
cette idée, Choron entreprit la tâche difficile
d'une réforme dans notre musique d'église :
c'est lui qui, par une application spirituelle
d'un passage de l'Écriture, prétendait que *l'a-
bomination et la désolation étaient dans le
saint lieu.*

Il ne nous appartient pas de décider jusqu'à
quel point de perfection l'école de musique
religieuse fondée par Choron a pu faire arriver
nos chants sacrés ; mais nous devons rappeler
l'impression profonde produite par l'harmonie grave et pourtant variée de ces hymnes
que ses élèves ont fait entendre sous les voûtes
majestueuses de la Sorbonne. Ah! si les compositeurs comprenaient bien leur noble mission, ils sauraient, en nous captivant par le
charme de leur talent, nous faire aimer et ré-
vérer la religion de nos pères.

Une des entreprises qui honore le plus le
talent de Choron, c'est son travail sur l'ouvrage de Sala, intitulé : *Regole del contrapunc-
to prattico*, et qui a paru sous le titre de *Prin-*

[*] *Essais sur la musique*, t. 1er, p. 413.

cipes de composition des écoles d'Italie , formés
de la réunion des modèles de Sala , Martini*,
3 vol. in-folio de 1456 planches. Cet ouvrage
est devenu classique.

Pour subvenir aux frais qu'entraînait une
pareille entreprise , Choron se vit obligé de
vendre une terre qu'il possédait dans le département du Calvados; un semblable trait suffit pour caractériser l'ardente passion de l'artiste , passion qui le rend si indifférent aux autres intérêts de la vie.

Cet article excède déjà trop les bornes qui
nous sont prescrites, pour qu'il nous soit possible de nous étendre sur les nombreux ouvrages publiés par Choron. Nous citerons seulement le *Solfége élémentaire*, brochure in-8°;
le *Cours complet de musique religieuse à trois
voix*, in-8°; la *Méthode concertante élémentaire pour la musique et le plain-chant*, en
trois parties. Choron a laissé un recueil de
romances dont plusieurs , et notamment *la
Sentinelle*, ont obtenu un grand succès. Sa
méthode d'enseignement pour apprendre à
lire et à écrire en même temps, a donné naissance à d'utiles améliorations. Son dictionnaire

---

* *Dictionnaire historique des musiciens*, t. 2, p. 26 , voir au
mot *Sala*.

historique des musiciens , qu'il fit paraître en 1811 , est un ouvrage qui laisse à désirer sans doute , mais qui, depuis long-temps, était impatiemment attendu par tous les véritables amateurs de musique ; ajoutons encore que ses nombreux élèves , dont les noms ont surgi d'une manière brillante, attestent l'excellence de sa méthode.

Ce professeur si distingué , ce compositeur si laborieux, si profondément instruit , est mort du 29 au 30 juin 1834 , âgé de 63 ans.

Adrien Boïeldieu , né à Rouen en 1770, d'une famille généralement estimée , reçut ses premières leçons de musique de Broche , dont nous avons parlé plus haut. Ce fut vers l'âge de 25 ans que Boïeldieu vint à Paris où il se fit connaître par son talent sur le clavecin et la composition de ses délicieuses romances ; leur succès a été trop universel pour qu'il soit nécessaire de rappeler ici combien il excella dans ce genre.

Lorsque Boïeldieu vint à Paris , il n'existait aucun établissement pour l'instruction musicale. Les obstacles qu'il rencontra , sans ralentir son génie , lui apprirent à faciliter l'étude de l'art à ses élèves. Le célèbre Zimmermann reçut des leçons de lui.

Une circonstance qui honore éminemment le caractère de cet artiste si renommé, c'est que, comptant déjà plusieurs succès, il vint demander les conseils de Chérubini. Certes, l'auteur du *Calife*, *de Zoraîme*, avait quelques droits de marcher d'égal à égal avec celui qu'il réclamait ainsi pour maître. Un lien d'amitié que la mort seule a pu rompre, unit dès-lors ces deux beaux talents.

Doué d'un caractère aimable, bon, modeste, l'auteur de *Ma Tante Aurore*, de *Jean de Paris*, du *Nouveau Seigneur*, de la *Dame Blanche* enfin, œuvres à la fois si suaves et si brillantes, le gracieux compositeur de tant de romances, mourut entre les bras de sa femme et de son fils, à l'âge de 58 ans, le 8 octobre 1834. Dès 1817, il avait été élu membre de l'Académie des beaux arts. « Son cœur, que » l'amour du pays et des arts avait fait battre » tant que la vie lui avait été accordée, » suivant l'heureuse expression de M. le vicomte Walsch, « vint reposer au lieu qui l'avait vu » naître. » Toute la population de Rouen se porta au-devant du cortége funèbre. L'hôtel-de-ville fut tendu de deuil et désigné comme *maison mortuaire*, idée touchante qui semblait proclamer celui qu'on pleurait, enfant de la vieille cité, enfant surtout de la Normandie *.

Charles-Guy Piquot de Cordey de Magny, né à Magny-la-Campagne, près Caen, le 29 septembre 1765, fit ses études sous les yeux de son père, au château de Rapilly. Son éducation musicale commença dès son enfance ; secondé par d'heureuses dispositions, ses progrès furent si rapides, qu'à l'âge de 7 ans, il joua, dans une réunion musicale, à Falaise, un concerto de violon d'un des célèbres compositeurs de l'époque.

Entré aux pages de M. le duc d'Orléans, M. de Magny perfectionna son éducation et acheva de développer ses talents ; plus tard, il fut nommé au régiment de Monsieur (dragons), où il servit jusqu'à la révolution. Embrassant avec chaleur et dévouement la cause royale, il lui sacrifia la plus grande partie de sa fortune, et suivit les princes dans l'exil.

Rentré en France, M. de Magny trouva dans la culture d'un art qu'il aimait avec passion, le dédommagement des plus belles espérances d'avenir ; intimement lié avec le célèbre Le-

* Voir *Procès-verbal de la cérémonie funèbre en l'honneur de Boïeldieu*, par M. le vicomte Walsch.

moine, il fut initié par lui et plusieurs autres artistes, aux secrets de la composition.

C'est à ceux qui ont particulièrement connu M. de Magny, qu'il appartiendrait de révéler tant de qualités précieuses qui, en lui conciliant la bienveillance générale, surent le mettre à même de rendre de si nombreux services à la musique. Aimable, instruit, doué d'une imagination vive et réellement artistique, ce fut à ses soins, à ses démarches incessantes, que la Société Philharmonique du Calvados dut sa fondation, et l'on peut même ajouter que c'est en partie à lui qu'il faut attribuer la popularité dont jouit actuellement la musique en Normandie.

M. de Magny a laissé un charmant recueil de romances, plusieurs cantates, entre autres celle de *Circé*, que les amateurs instruits ont admirée; quatre œuvres de quatuor pour deux violons, alto et basse, et plusieurs morceaux de musique sacrée, des fragments de messe, etc[*].

Au mois de décembre 1833, M. de Magny étant chez un de ses amis aux environs de Caen, exécutait un de ses quatuor avec le

---

[*] Plusieurs de ces morceaux sont encore inédits, et entre les mains de la famille de M. de Magny.

célèbre Robberechts, lorsqu'il fut frappé d'une première attaque d'apoplexie, qui provoqua la paralysie du côté droit. Après cet accident, retiré à la campagne chez Mlle de Magny, sa sœur, il devint l'objet des soins les plus empressés de sa famille. Privé de l'usage de la main droite, il s'occupait néanmoins de son art favori, soit en vérifiant les additions qu'il faisait à ses ouvrages, soit en enseignant, avec une persévérance admirable, la musique à de jeunes enfants de paysans.

On espérait le conserver encore un certain nombre d'années, lorsqu'au mois de décembre 1835, il fut enlevé par une nouvelle attaque d'apoplexie, à l'âge de 71 ans. — M. de Magny avait obtenu, à la restauration, le grade honorifique de lieutenant-colonel et la croix de Saint-Louis.

— Qu'il nous soit permis de déplorer une autre perte également récente, celle de Bétourné* qui, sans être lui-même musicien, a su associer son nom à celui des compositeurs les plus célèbres de l'époque, au moyen de ses nombreuses et jolies romances.

---

* Né à Caen.

Avant de passer à l'aperçu rapide que nous nous proposons d'essayer sur l'état actuel de la musique en Normandie, nous croirions laisser une lacune dans notre travail, si nous négligions de parler d'une branche de l'art qui, bien que secondaire, mérite pourtant d'être rappelée. Nous regrettons que les bornes qui nous sont prescrites nous contreignent à restreindre nos citations.

Guillaume Lebreton, né à Caen, doué des plus heureuses dispositions pour la mécanique, paraît avoir été frappé, fort jeune encore, de la vue d'un forté *; et seul, sans autres leçons que son génie, il entreprit de l'imiter. Cet essai, qui laissait peu à désirer, excita la surprise, et depuis cette époque, le jeune Lebreton a suivi l'état auquel l'appelait sa vocation. Fixé à Rouen, il lutte aujourd'hui d'efforts avec MM. Eder et Gaguin **, pour introduire de nouveaux perfectionnements dans l'art de la lutherie.

M. Thibout, né à Caen, luthier du roi, de l'Académie royale de musique et du Théâtre

---

* Voyez un article intéressant de l'ouvrage intitulé : *Notices historiques lues à la société royale d'agriculture et de commerce de Caen*, par M. P.-A. Lair. — Caen, 1830.

** MM. Eder et Gaguin, luthiers établis à Rouen.

Italien, dont les violons remplacent avec avantage les Stradivarius, les Guarnerius et les Amati, inventeur de nouveaux violons, alto et basses perfectionnés qui obtinrent la première médaille à l'exposition de 1824, et lui valurent un rapport des plus flatteurs de l'institut, et le suffrage des Kreutzer, Lafont, Habeneck, Horblin, etc.

M. Thibout, frère du précédent, facteur de piano, harpes, violons, alto, basses et guitares, élève de Koliker, successeur de son père.

M. Thibout, neveu de ce dernier, fils de Thibout de Paris, luthier de la Société Philharmonique du Calvados, auteur de violons, alto, basses, etc., et dont le talent maintient une réputation héréditaire dans sa famille.

M. Bellanger, élève de Lebreton, établi à Caen, se place avec avantage près des artistes que nous venons de nommer.

———

Nous voici parvenus à une époque bien intéressante, et pourtant difficile à traiter pour nous, puisqu'il s'agit maintenant, non plus d'émettre une opinion éclairée par le concours des siècles, mais de hasarder l'analyse de nos propres observations. Nous serait-il néanmoins possible de garder le silence sur l'état actuel de la musique en Normandie, lorsque cette terre privilégiée offre à l'admiration de nos contemporains la gloire européenne de l'auteur de la *Muette de Portici*, que la ville de Caen s'honore d'avoir vu naître ?

Fidèle au plan que nous nous étions tracé et que nous avons suivi avec constance, nous nous sommes attaché à démontrer d'une manière précise l'intime relation qui, dans tous les temps, a existé entre la musique et les mœurs des habitants de la Normandie, en retraçant siècle par siècle l'histoire de cet art.

C'est ainsi que nous l'avons vue religieuse, à l'époque des institutions de Charlemagne; guerrière, sous les héros scandinaves, faisant vibrer ses accords chevaleresques aux siècles de nos conquêtes; muette, pour ainsi dire, sous la domination étrangère; prétentieuse, lorsque la science exilée de Byzance vint établir son règne dans nos contrées; faisant preuve d'une noble émulation sous Louis XIV; savante et brillante à la fois, mais querelleuse et virulente, aux temps des Gluck et des Piccini, associant notre province à ces luttes frivoles autant

qu'acharnées, en quelque sorte préludes de orages plus terribles que la révolution devait faire
éclater ; et c'est ainsi que nous voudrions pouvoir la représenter, donnant de nos jours naissance à une foule d'utiles institutions, dans
le but d'améliorer le sort des classes les moins
favorisées, en épurant leurs mœurs au moyen
du charme irrésistible attaché à la culture d'un
art éminemment sociable.

Nous avons eu occasion de rappeler à diverses reprises les nombreuses tentatives faites
par les habitants de la Normandie, pour former entre eux une sorte de lien au moyen de
la musique. Tel était du moins le but des con-
fréries établies dans les XVIᵉ, XVIIᵉ et XVIIIᵉ
siècles. Le père André, que nous avons déjà
cité, parle des concerts qui avaient lieu à
Caen à l'époque où il publiait son ouvrage,
c'est-à-dire en 1743. — « C'est un nouvel agré-
» ment, dit-il, que d'illustres citoyens vien-
» nent de procurer à votre ville par l'institu-
» tion d'un concert en règle. Plusieurs capi-
» tales du royaume vous en avaient donné
» l'exemple ; mais, ce qui vous est particu-
» lier, ce qui est peut-être unique dans toute
» la France, vous avez trouvé chez vous de
» quoi former un concert complet, sans avoir

» besoin d'emprunter d'ailleurs des génies
» pour la composition , des talents pour l'exé-
» cution, etc. *..... » Un fait digne de remar-
que, c'est que peu de temps après l'établissement de ce concert, on avait cru devoir enga-
ger quarante des principaux habitants de Caen
à s'abonner, ce qu'ils firent, disent les relations contemporaines, *les uns par complai-
sance, les autres par crainte*. En effet, un
échevin, nommé Dubuisson, ayant refusé de
payer cette espèce de taxe qui se montait à
200 liv. par an, il y eut des poursuites dirigées
contre lui. Le comte de Saint-Florentin, alors
ministre, ayant appris ces débats scandaleux,
écrivit à M. de Fontette, intendant, « qu'il
» fallait étouffer l'affaire, ajoutant « que d'ail-
» leurs Sa Majesté voulait que ses sujets fus-
» sent libres en fait d'abonnement** », ce qui
nous semble, au reste, assez juste.

Vers la fin de l'année 1757, MM. les direc-
teurs des concerts adressèrent une demande,
afin d'obtenir des lettres-patentes pour leur
établissement, en quelque sorte légal ; mais il

* *Essai sur le beau*, page 196
** Note communiquée par MM. G. Mancel et C. Woinez,
auteurs de l'histoire de Caen.

leur fut répondu que plusieurs villes considérables avaient inutilement fait la même tentative ; que Sa Majesté avait toujours refusé,
parce que les concerts empêchaient la jeunesse
de s'appliquer à l'étude, *beaucoup plus utile
à l'État que la musique !!!...*[*] Il paraît néanmoins que, malgré le défaut d'encouragement,
ces réunions musicales eurent lieu jusqu'en
1792. Vinrent alors de longues années de
deuil, durant lesquelles l'anéantissement des
maîtrises des cathédrales, et la dispersion des
hautes classes de la société, semblaient rendre impossible désormais tout retour aux dou-
ces jouissances des arts. Peu à peu, cependant, le calme se rétablit, et dès l'année 1800,
on vit reparaître sous le titre de *Redoute*, des
réunions alternativement consacrées à la danse
et à la musique.

Ces premiers essais, soumis à de fréquentes
interruptions, semblaient faire sentir chaque
jour davantage le besoin d'une institution sta-
ble qui, en réunissant un grand nombre de
talents dispersés, leur fît goûter le charme
d'une noble émulation.

A Caen, MM. Ferdinand de Boislambert,

[*] Archives de Caen.

Léon de Coursanne, Robert et Alphonse Le Cavelier, ouvrirent, durant l'hiver de 1824, une souscription qui fut rapidement remplie *. Ils donnèrent successivement sept concerts brillants et très-suivis, mais qui ne purent se renouveler l'année suivante.

En 1826, M. Spencer-Smith, auquel s'adjoignirent MM. Charles Costy, P.-A. Lair, de Caumont, Bunel, Bourdon, d'Auray de Sainte-Poix, fondèrent une société littéraire et musicale, sous le titre de *Cécilienne de Normandie*.

Enfin, le 8 février 1827, M. le comte de Montlivault, alors préfet de notre département, obtint du ministre de l'intérieur l'autorisation nécessaire à l'établissement de la Société Philharmonique du Calvados.

Un professeur, né à Caen, Graverand, dont les compositions sont généralement connues, fut chargé de diriger l'orchestre de la société. Un local était donné par le commerce, à la tête duquel se trouvait M. Bonnaire, membre

---

* Voir le compte-rendu des travaux de la Société Philharmonique du Calvados, pendant les années 1827 et 1828, par M. Bunel, secrétaire, imprimé à Caen chez Poisson. — Voir aussi l'excellent mémoire sur la *Culture de la musique dans la ville de Caen et dans l'ancienne Basse-Normandie*, par M. Spencer-Smith.

de la société naissante ; M. le comte Louis
d'Osseville, alors maire de Caen, appréciant
tous les avantages que la ville qui lui était con-
fiée devait retirer de cet établissement, en ac-
cepta la présidence. MM. Frédéric d'Emiéville,
le comte de Hautefeuille et Bonnaire lui furent adjoints sous le titre de vice-présidents,
et M. Bunel, qui, par son zèle et son talent,
devait contribuer si puissamment aux succès
de la société, se vit appelé à remplir les fonctions de secrétaire.

Mais il existait un obstacle, le plus difficile
à vaincre, avant d'en venir à l'établissement
des concerts qu'on voulait former. Il s'agissait
de décider une foule de talents peu familia-
risés jusqu'alors avec la publicité, à venir en
quelque sorte réclamer ces justes éloges qu'ils
étaient en droit d'attendre. C'était les dames
surtout dont il fallait combattre à la fois la
timidité et la modestie ; car d'elles allait dé-
pendre en partie le charme de ces réunions.
Si nous n'étions retenu par la crainte de nous
livrer à une vaine affectation de recherche,
nous dirions que, dans ce cas, une vertu put
seule l'emporter sur une autre vertu. La bienfaisance obtint ce triomphe : des quêtes ainsi
qu'un concert annuel furent institués pour les

pauvres. M. de Magny se chargea d'organiser la partie du chant, tâche qui présentait tant de difficultés, mais qui semblait revenir de droit au compositeur de *Circé*. En effet, aucun obstacle ne pouvait arrêter son zèle, et grâce à ses efforts, les richesses que nous possédions nous furent révélées. Le nombre des amateurs augmenta chaque jour; de brillants concerts se succédèrent, et les premiers artistes de la capitale, jaloux de se faire entendre, trouvèrent de la part des membres de la Société Philharmonique du Calvados, non-seulement l'accueil le plus bienveillant, mais le concours le plus unanime.

Le succès toujours croissant des concerts, les nombreuses demandes d'admission, l'émulation qui semblait se répandre comme par enchantement dans toutes les classes, l'arrivée de plusieurs artistes, tout attestait la nécessité d'établir une école de musique vocale. M. Frédéric d'Emiéville, M. le comte d'Yson, amateur si distingué, qui depuis a rendu tant de services à la Société, se montrèrent empressés à la réalisation d'un projet qui tendait à rendre l'étude de la musique accessible à toutes les positions de fortune.

Sur la demande du conseil d'administration

de la Société , M. Guerrier , professeur de chant , l'un des meilleurs élèves sortis de l'institution de Choron , fut nommé à cette école avec M. Beziers. Depuis, M. Lair, président actuel de la Société Philharmonique , qui , par son nom seul rappelle l'idée du patriotisme le plus éclairé, a fondé des prix annuels pour les sujets distingués. Motif d'émulation qui donne lieu de beaucoup espérer pour la marche progressive d'un art qui , plus que tout autre peut-être , a besoin d'encouragement.

Nous avons vu plus haut que, jusqu'en 1792, les maîtrises des couvents et des cathédrales composaient seules un corps régulier d'enseignement ; leur dispersion était donc toujours regrettée par les véritables amis de l'art, lorsque sur la demande de M. de Saint-Germain , le conseil municipal de la ville de Caen * a voté, dans l'année 1835 , un conservatoire de musique. Basée sur un vaste plan , cette institution promet de devenir en quelque sorte la pépinière d'une foule de jeunes ta-

* Voir le rapport fait par M. de Saint-Germain à l'association Normande, — 1835 , — à Caen , chez Leroy. Cet écrit renferme une foule de renseignements précieux sur l'histoire générale de la musique.

lents qui, exercés depuis l'enfance à la pratique de l'enseignement, doués eux-mêmes d'une forte éducation musicale, seront plus tard répartis dans toutes les villes de la Normandie. Et s'il est vrai de dire que notre époque se distingue surtout par l'élan donné à tout ce qui porte un caractère d'utilité générale, combien une pareille fondation ne doit-elle pas éveiller de sympathie ? et quelle est l'ame qui peut rester froide à l'idée d'une foule d'enfants arrachés à l'ignorance pour être admis au partage des jouissances d'un art dont l'heureuse influence sur les mœurs est incontestable ?

Déjà l'impulsion donnée se fait sentir dans les principales villes de la Normandie ; partout les réunions musicales, tant publiques que particulières, se multiplient. Bayeux, Lisieux, Saint-Lo, Coutances, Cherbourg, Granville, etc., possèdent dans leur sein des Sociétés Philharmoniques. Le nombre des professeurs s'accroît sans cesse ; il y a douze ans, on n'en comptait que quatre ou cinq pour Caen, et maintenant cette ville en renferme plus de cinquante qui peuvent à peine suffire à l'enseignement de leurs nombreux élèves. Nous regrettons que, forcé de nous restreindre dans les bornes qui nous sont tracées, il ne nous soit pas permis de citer ici plusieurs d'entre eux, dont le talent serait remarqué même au milieu des artistes de la capitale.

La musique est donc devenue une des bases premières de l'éducation, et si, parmi les jeunes gens qui s'appliquent à son étude, tous ne sont pas appelés à de grands succès, la plupart auront, de même qu'en Allemagne, une teinte générale de cet art.

Disons-le, si nous-même nous avons tenté de donner un ensemble à des faits trop longtemps enfouis dans nos annales, nous le devons à cette émulation que la Société Philharmonique du Calvados s'efforce de faire naître. En étendant sa sollicitude jusques sur notre littérature musicale, elle a donné un exemple qui sera sans doute heureusement suivi ; mais, à elle, qui compte parmi ses membres tant d'hommes justement célèbres, il appartenait d'ouvrir une des premières, une carrière en quelque sorte nouvelle en France.

Quant à nous, il y a eu de la témérité à nous mettre sur les rangs ; mais, nous avons pour excuse le goût instinctif qui nous porte vers l'étude des temps qui nous ont précédé. Trop heureux si ce travail auquel nous sommes

déjà redevable d'un si grand nombre de dou-
ces jouissances, était appelé à répondre au
vœu de la Société Philharmonique du Calvados, en prouvant que la patrie des Auber, des
Choron et des Boïeldieu, récèle le germe de
tous les talents comme de toutes les gloires.

TABLE DES MATIÈRES.